[y

W0235637

Originalausgabe

1. Auflage 2008

© für die Beiträge bei den Autoren bzw. den angegebenen Rechteinhabern

© 2008 für diese Ausgabe bei
 yedermann Verlag
Oliver Brauer und Sebastian Myrus

Georg-Kerschensteiner-Str. 8
85521 Riemerling bei München
Tel. 089-60 19 02 93
Fax 089-60 19 02 94
antwort@yedermann.de

Umschlaggestaltung: anthrophotogen
Herstellung: Fuldaer Verlagsagentur
Printed in Germany

ISBN 978-3-935269-37-7

Neubuch.
Neue junge Lyrik

herausgegeben von Ron Winkler
mit einem Nachwort von Ulrike Draesner

[yedermann

Nora Bossong

68 69 70 71 72 73 74 75 76 77 78 79 80 81 **82** 83 84 85 86 87 8

erlin Bern **Bremen** Eisenach Erlangen Gdingen Gelsenkirchen Graz Großer

Rolandslied

Und gingen wir durch meine Mutterstadt
fast lautlos, sprach er nichts, als bliebe es so
ungesagt und lag in diesem Sommertag
ein heißes Flüstern, gab uns kein Baum,
kein Tunnel Schatten, ließ meine Hand von
seiner Hüfte ab und fragte er mich nach
des Laudons Grab – ich weiß nicht, glaub,
er wollte nicht mehr weiter,
mein Vater.

Weyhe

Wie wir zuletzt mit Vögeln Riten feiern,
das Ministrantenkleid ein Oberhemd
mit Federn als Manschetten, es ist
so spät in dieser flachen Gegend – und alles
protestantisch, sagst du zu mir

und auch: wie jener Milan dort
im Sturzflug starb und auf dem Feld
ein Rest von Rauch, ein Sengen
in den Augen,
in den Venen.

Ararat

In diesem Sommer rann der Regen
über ganz Europa tropisch oder,
wie manche meinten, sintflutartig.

Wir sahen Wassermassen in den Straßen,
wir sahen versunkene Tiere,
phantastische Insekten,
all diese nichtüberlieferten Träumer,
hinabwirbelnd in Gullyschächte.

Uns beeindruckte das Wetter nicht.
Wir glaubten uns im Überstehen
auch biblischen Unheils fest gebucht.
Dem Phönix ähnlich, war jeder von uns
sich selbst ein Paar, und eigenartig.

Streitigkeiten überließen wir
den abstrakten Gestalten. Russland
war längst schon auf Arche-Exkursion,
derweil die Türkei es abwies,
den Ararat-Berg nach Osten zu schieben.

Wir blieben ungerührt, glaubten ja auch nicht
an das mit Armstrong. Der Sommer derweil
rann diskret dem Regen davon.

Seitab

Zwei Männer im März schleppen Latten
zum Festzelt am Rand des verfallenen Guts.
Es sind Hunde hier, überall Hundegebell
und ein Spielfeld, Himmel und Hölle,
doch nur ein Kind mit Bronzebrüsten,
nur eine Statue dreht sich seitab.
Das Altlaub in den Bäumen vergessen,
eine weiße Tüte weht an einem Ast,
jemand, der fort ist, kapitulierte
vor jemandem, den es hier nie gab.
Lange wird man auf April warten
und auf einen dritten Mann. Der erste zieht
seine Mütze vom Kopf, dann ein Lachen
über so viel Provinz.

Postkarten

Von hier sieht der Himmel anders aus,
mager, wie nur Protestanten ihn kennen.
In einer Scheune stirbt die alte Tietjen,
hundertzwei und Schweiß auf der Stirn.
Bis zuletzt hat sie Torf gestochen,
ihren Ofen auch sommers damit beheizt.
Vergeblich, sagt der Pfarrer, als Lore keucht,
sie wolle nun doch einmal die Berge sehen.
Alles vergeblich. Und wer legt jetzt Fleisch aus
für Werwölfe und herrenlose Hunde?
Wer schickt jetzt Karten, letzte Nachrichten
aus diesem Landstrich hinaus?

Wanda

Im Haar Gezweig. Aus einem Strauch
rast eine Ratte. Rüstung, rosa Anorak
trägt eine Frau, die auf der Brücke steht.
Über den Kragen fallen ihre Strähnen,
wie Federn, wie –
und drüben die Hügel, die Hügel.
Bist du Kaputt? Eine Puppe im Arm,
sieht ein Mädchen sie an, aschblond,
eine Plastikkrone rutscht ihm in die Stirn.
Hau ab! Ein Hund nagt am Reifen
des verrosteten Hängers, ist gestern,
in der Nähe fließt Wasser. Weit her.
Und drüben –
Ein Drache hauste in Höhlen, wo er
auf Gold und Schätzen Schlaf fand,
sein Heulen hallt noch übers Land.
Es singen drei Kinder mit Ranzen,
die laufen gebückt Hand in Hand.
Von fern ein Knacken, auch Krachen.
Dann Rauch. Geruch von Feuer.
Das Mädchen zupft am Anorak. *Du,*
ins Wasser ging Wanda hier.
Strähnen fallen, wie – *Ach,*
erzähl du mir doch nichts von Wanda!

Tom Bresemann

68 69 70 71 72 73 74 75 76 77 **78** 79 80 81 82 83 84 85 86 87 88

nklam **Berlin** Bern Bremen Eisenach Erlangen Gdingen Gelsenkirchen Graz

die knoten

zählst du, den verlauf
dieser verwicklung, als deren symptom
du dich zu begreifen beliebst,
zu verinnerlichen: ein ungutes zuviel:
verhärtungen im kopf, im hals,
in den organen
die metastasierende einsamkeit
der schöpfung: ich
will eine krankheit nur für mich
und keine heilungschancen,
nur für mich allein. ja,
lachst du, auch ich will ficken.
schon taste ich mich dein
lymphsystem hinab: in den achseln,
zwischen den beinen: krebs
ist eine seelenkrankheit,
hat neulich jemand im fernsehn
gesagt. und ich dachte,
dass dort gott wohnt.

clearing

die aufbrüche abbrechen
den durchbruch abbrechen
die wetterlage resetten
den luftdruck ausgleichen
das abwaschwasser austrinken
die kontraktionen im keim ersticken

die portfolios selektieren
die inhalte veräußern
die aufsteller abstellen
die expansion verinnerlichen

ein lächeln, aufgesetzt als rund-
schreiben und dazu ein gesicht als sach-
leistung abliefern, als nebenprodukt
endloser zeitreihen, in denen das bloße augenmaß
als einzig verfügbares volatilitätsbarometer
hochachtungsvoll verbleibt

coming out

klappen halten, augen zu! schnitt-
stellungen meiden. im dickicht dieses darkrooms
schwere stiefel. im schädel
ein pochen. unter der decke
sing sang, beschwörungsformeln. hundert-
schaften

   [kleine salzige penisse]
und nur drei handgriffe zum einschlafen

erkaltetes ejakulat im augenwinkel
als letzte geste deutscher ehrbarkeit. gewissen-
hafte fortsetzungsschatten des gang bangs im gas-
wasser-scheiße-look. es bleiben
rekrutierungsversuche.

         ich will
auf keinen fall wie ein schwuler
diskriminiert werden.

wartungsversuch

hunderttausend arten scheiße
auszusehn. jede einzelne.
das hingegen
sollte der phantasie überlassen
sein. als geste
ein gesicht optimieren.
klammer auf und atem-
züge vom äußersten rand der zimmer-
lautstärke her erklimmen klammer zu.

stellt angestellte aus
und aufsteller ein!
karma kapitalismus:
wieder so ein ohrwurm.
– reclaim the claims –

im fernsehn grassieren flüchtlings-
camps, supported by reebok.

du auf der couch im living-
room mit deinen tele-
prompteraugen, und ich
nebenan, als host-
age eines reality formats.
ist das jetzt eine dieser win/
win situationen?

und ich hab schon wieder
mit einem wallpaper
geschlafen, es tut mir leid,
ich glaube, diesmal
hab ich mir dabei was eingefangen.

du lachst, verbuchst das
unter ressort- und resourcenpflege.

du und ich, baby,
you and me und die sommer der welt,
wir rücken zusammen und machen in
100% polyestertrikots.

in der geräuschkulisse

des rauschens: muldenbildung.
unter der decke ein flüstern,
das die wolken zusammen hält.
um uns nichts
als schwund-
stufen saisonalen lichts.
auf augenhöhe: die spiegel-
glatte see: ein trug-
schluss, in dem du und ich
ein gesicht versuchen.

die augen geschlossen, das licht

gelöscht, die feinen härchen
aufgestellt – der dämmerung
ein stück voraus.

visionen verwegener fingerfertigkeit:
im angesicht der gefahr, ich
und das fettige hühnchen mit dem Hitler-
bärtchen zwischen den beinen,

auf der mattschwarzen couch. pt. I-III,
tapes, die unauffindbar sind. Uschi,
das starlett dieser einwandfrei hetereosexuellen party

verlockt mich in den busch
und flüstert: es gibt keine nackten helden,
also laß die socken an.

Daniela Danz

Dem Andenken der allerglücklichsten Tochter

Auf der Suche nach südlichen Stellen in
der über und über beschriebenen Gegend
auf der Suche nach Sand neben
den Schotterrändern der Straße nach Scherben
und Souvenirs vorübergezogener Scharen
finden sich Amulette von seltenem Wert
und der Plunder glücklicher Augenblicke

findet sich ein Flakon mit dem Duft
eines Augenblicks

vom Wind gebauschte Gardinen bezeugen
hier hält eine kühlen Schlaf
in die weiße Wüste mittäglichen Dämmers
führt sie geradsinnig ihre bizarren Ideen
und es ist nicht ihre Schuld daß verdurstet
wer in der Hitze ein Fremder
vor ihrem Fenster bleibt

Ovid in Constanta

Die Häuser dicht ans Meer gebaut
in Zeilen der Brandung erblicken
die schwachen Fassaden ihr Glück
noch diesen Tag und den nächsten
wo sie sich hinabstürzen
in ihr Bild

ein kühner Ort der Verbannung
wo man nicht auf einem Streifen
Ufer hocken kann und Souvenirs
ins Meer werfen: Jahrestage
Ersatz – wirklich Geliebtes
wo man ein Bett für eine Person
und Tabletten gekauft hat

durch die rückwärtigen Fenster
dringt wie das schwache Licht
der Lärm und verfängt sich im Kopf
zum Meer hin klemmen die Jalousien
durch einen Schlitz schiebt er
eine Diskette nach der anderen

Overkill

Durch die Schlacken sind wir gekommen
durch Schlachtensediment
persönliche Kämpfe und Dunkelziffern

dem Hintermann flüstern wir zu
bück dich nicht heb nichts auf vergiß
was du dir einbildest zu sehen
es ist nichts als ein richtig gutes Training

aus den Minenschildern
haben die Einheimischen längst
Kaninchenställe gebaut

auf dem Acker statt dessen
Streichholzschachteln mit
verschiedenen Motiven historische Schlachten
Füchse aus Deutschland und Mohn

hefte den Blick auf den Nacken
des Vordermanns gib die Hinweise weiter
laß die Hand an der Naht du willst doch
zurück mit leichtem Gepäck

Festung

1

Blitzlicht am Ufer ein geruchloses Meer
auf der Estrade hocken die Entdeckten
und heften ihre Blicke auf zermahlene
Muschelschalen den gleichgültigen Strand
und die Kameras halten drauf bis einer
sein Gesicht in die vorderste Linie schickt
während weit hinter den schnellen
Gedanken sich etwas verlangsamt
und auf der Strecke bleibt –
ein allzu sentimentales Relikt für die
es nicht angeht die Einheimischen

2

als das Boot durch die Nacht trieb
sahen sie unter sich ungeheuer leuchtende
Formen und die ausdruckslosen Augen
der Makrelen Zeichen eines Lebens
im Wasser wie in Ahnensagen Gehörtes
wo einer ins Meer geht und nie zurück
kommt nicht tot noch lebendig doch
verschuldet als Name in einer Statistik

3

im Musée du Louvre steht eine alte Dame
nachdenklich vor dem Floß der Medusa
und *weiß den Eindruck nicht zu beschreiben*
den es ihr macht

4

auch wir sind hingefahren eine kleine Familie
und haben im Meer gebadet

Hortus

Eine viel zu weit oben
im Baum befestigte Schaukel
auf der man weit
über den Bretterzaun fliegt
liegt der das Haus gebaut hat
begraben im Garten?
Nein der liegt gar nicht
nicht still
war kein guter Mann
und wir? Die zertretene Süße
unter dem Maulbeerbaum
ein wildes Beet
gestern ein Grassame
unter der Achsel fahrige Angst
liegt was nicht aufgegangen ist
still unter der Erde?
Nein das ist tot
abends einmal saß
in unserem Garten eine Frau
und verknotete Gräser
warst du das? Frag
aber nicht immer spiel
daß ich weg bin

Die Kamera im Dienst der Ethnologie

Ich sah ein Foto auf dem ein Mann vom
Stamm der Schubi lachend seinen Körper
zeigt die Arme unterhalb der Achseln
eingeschnürt von breiten Reifen blieben

dünn wie die des Jungen der er war
darunter quollen strahlend die Muskeln
hervor des Mannes der er wurde

ich sah der Mensch ist ein Baum
der über seine Wunden fortwächst
das Fleisch die Rinde die eigene
Gestalt unser ganzer nutzloser Stolz

St. Georg

Hätt ich eine Seite aus dem kleinsten
Gebetbuch eines Herzogs von Burgund
röchelnd kehrt ein giftiggrüner Drache
seinen gelben Bauch zum Himmel
darauf spielt die spitze Lanze eines Ritters:
beweglich zart und klein – ein guter
Tänzer silbern schießt sein Bild ins Auge
der Prinzessin: ist es Freude – Angst
sie sieht ins offene Visier er lacht
ein silbrig helles Lachen ach der Drache
wär in seinem Ungeschick und Winseln
lieber ihr als dieser Überschöne
der wirft die Zügel seinem Falben übern
Rist der geht zum Fluß den Fels und sie
im Rücken sticht die Lanze tief ins Wasser
beugt den Nacken sieht im Spiegel sein
Gesicht die weißen Zähne und die hohen
heitren Bögen seiner Brauen sieht sie
nicht wie starr die Falten ihres Kleides
und ihre Züge werden: Fels wie der
vor dem sie kniet – so geht als süßer
Anlaß einer *aventure* sie ins Flirren
dieser zierlich kleinen Landschaft ein

Carl-Christian Elze

68 69 70 71 72 73 **74** 75 76 77 78 79 80 81 82 83 84 85 86 87 8

ıklam **Berlin** Bern Bremen Eisenach Erlangen Gdingen Gelsenkirchen Graz

nyc

wir sind fast still hineingeraten.
es könnte fleisch sein oder stein.
wunderschöne wunden hier
wenn wir träumen, träumen wir
verzeih, nichts wirklich sanftes
– abgebrochen ist die nacht
aufgeklafft die avenue, das gold
geht durch den augenschacht
& jeder blick hat himmelklein.
ist es ein brunnen & am grund
ein aufgebrochnes tier, kadaver-
glanz, ein langes messer?
geruch nach lamm? nach wolf?
ist alles pelz? falsche befehle?
was ist es, freund? (wo sind wir?)

wallis

1panorama

die augen wachs, der mund lüftung
auferhebung des fleisches zum grat
MONTE ROSA, NORDEND *–end*
gletscherzunge, spaltenruf
LISKAMM, CASTOR, POLLUX *–lux* grell
tackert die lider, cockpitschlitze:
dohlenstürze, schwarze schlieren
CORNO NERO, ROCCIA NERA *–era*
die dünne welt – von horn umstellt:
breit & weiß & strahlend spitz
gegabelt, rotzinal & dürr & hoh
& rimpfisch, allalin GEVATTER
MATTER *–matter* die töne
LUDWIGSHÖHE (luftnot) DOM
–(wie *tot*) die dohlenschlieren.

2gletscherwald

kampf. kampfholz. stiller kampf.
als schlügen sich die kiefern still
die beine ab für einen stein.
was unter rinden tickt versteckt
ist ausgestellt im gletscherwald:
sich töten wollen – jetzt
mit lächelnden namen wie lärche
der hunger wetzt in jedem blatt
die pappel ist längst umgebracht.
was kann das wenig birke bitten
die kiefer bricht ihm still das kreuz
& lärchen decken leichen zu

mit nadelgold & lärchenschuh.
mörderstille –*stille*
mörderstille –*stille.*

3wandern

durch den berg gehen: tunneln
aus zeitgründen: das fliehende licht
an den hängen – verschwenderisch
dennoch: durch den berg gehen
aus kopfgründen: tunneln & nicht
verloren gehen, die nacht
bricht aus wie schweiß, erstickt
wie schwarzer sack das hängeglühen
& dich: gib acht! ruf NACHT!
vergewissere dich! sei nicht am hang
man will dich haben ÜBERALL –*all*
ÜBERFALL –*fall.*
besser durch den berg gehen: tunneln
bei licht – aus zeitgründen, kopfgründen
oder nicht? dann ganz verschwenderisch.

4föhn

diesen jagdflieger beneiden bei föhn
dieses glückskind, schwyzer glückskind
diesen jagdflieger hassen bei föhn
zu denken: dieser schwyzer von oben
zu denken: sieht alle die spitzen
zu wissen: unsereins im ausguss hockt
auf löcher hofft, den einen lichteffekt
es heißt bei föhn macht dieses licht
akrobatik auf dem firn & später
kommen die fische, heißt es später

fliegen fische durch den äther
fliegen fische durch die spitzen
meint ein schwyzer nebendran
meint ein schattenvoller schwyzer
meint ein schwyzer wie ein mensch.

5kulmhotel (3100m)

was für träume kommen mögen?
»hundert jahre schöne aussicht«
wie wird die innensicht hier sein?
die dünne luft, verdünnt sie dich
zu einem glück? zum schein?
bleibt dürre wie in jedem tal
auch auf dem DACH –ach
das gleiche trockne körperspiel?
wir werden nicht zu viel erwarten
was für träume kommen mögen
werden nicht die luft aufladen
mit der hoffnung, dass wer schläft
in diesen höhen mit gewinn.
WIR WERDEN –erden uns & sagen
nichts passiert, WIR SCHLAFEN EIN –nein.

fötotomische ballade

das fault sich schnell im mutterleib & aast dahin, das kalb
verdreht, blockiert. des muttertiers ziegelrote augenschlitze.
ein guter mann pflanzt seine faust ins fleisch, setzt kalt

die säge an & sägt dem milchvieh durch die aufgeschäumte ritze
die leibfrucht klein: ein vorderbein & noch ein bein & noch –
dem guten mann steckt in der hirnhaut eine mörderhitze –

ein letztes bein! in scheiben heckt der rumpf durchs loch!
die färse presst die fehlgeburt, als wär sie nicht in stücken!
der gute mann am kettenglied, zieht – jede schläfe pocht

– den kopf wie einen stöpsel raus: aufgetürmter rücken
die wirbel: messerstecherei, das fleckvieh stöhnt entschimmelt.
in der wanne liegt nun alles, stirn an steiß, die fliegen zücken

das geschlecht: gebrumme. auf den puzzleteilen: gewimmel.
ein lichtstrahl fällt ins zink & wirft sich dort aufs rot & schwarz.
die mutter glotzt, im fleisch verschnürt, in eine pfütze himmel.

der gute mann befiehlt: »das aus dem blick geschafft!«

bozener straße, schöneberg

im kühlen treppenhaus: die beste leichentemperatur.
der sommer strömt nicht länger aus den achselgruben.
die steinbank hier, man wartet schier auf erdniveau
auf einen herrn, die halbe treppe rechts nach oben.

die kinder kommen aus der sonne heim & grüßen
freundlich, braungebrannt, um mund & augen reh.
man blickt sie staunend an, sie wachsen, große eile
dschungelhirne – erdverklumpung – wieder schnee.

den fahrstuhl hat der doktor doch noch nie benutzt
er ist das erdgeschoss & lebt auch dort, herausgeputzt
seit ein paar jahren erst & stirbt einmal, vermutlich jetzt.

da hängt ja schon ein blauer schimmer in den ritzen.
wer ich bin, ich weiß nicht wer, ich bin so sehr vernetzt.
kommt ein dicker engel mit lidern auf halbmast um die ecke
                                        zum sitzen.

Tina Ilse Gintrowski

68 69 70 71 72 73 74 75 76 77 **78** 79 80 81 82 83 84 85 86 87 88

klam **Berlin** Bern Bremen Eisenach Erlangen Gdingen Gelsenkirchen Graz

Schlechtwetterfront

»Leute sind müde. Welt gähnt.« (Sitznachbar im Regionalexpress)

wohin
fliehen wenn die wolken tiefer
ziehen als noch gestern
nacht gedacht –
hab acht!
halb 8
erwacht
durch böen
hinter der stirn und
wassereinbrüche im hirn.
völker, hört die signale! die emobiennale
beginnt ihr düsteres siegestreiben und
sollte ich im schlafsack bleiben
dann bring es ihnen
schonend bei.

Neon

»Der soll dir den Kopf zertreten,
und du wirst ihn in die Ferse stechen.«
(1. Mose 3,15)

ey master du verschneidest gerade meinen traumfilm
du zercuttest mir die peace&love sequenz
soll ich zusehen tatenlos hier rumchillen
lieber schnell ne runde cruisen mit dem vorstandsbenz

ohne brakesbenutzung backwards an ne wall sliden
»got the key« brüllen auf die windschutzscheibe rotzen
»rokko ich bin raus«
fast dann gehen wo ich wohne unterm carpet hiden
und mal langsam checken dass das candlelight längst aus

Mareograph

piraten wurden wir zuerst und später co ko es kam ein kakadu von
irgendwo im grau der wies uns hin auf einen schatz inmitten
eines pferdeschwarms tief unter see er hatte recht das war auch
so den sahen wir den ließen wir dann aber liegen weil unser
kapernschiff also war leck am bug wir tauchten auf und sangen
ums zu reparieren töne sprachen worte aus wie malawi und
sumalo vielleicht gut siebenundachtzig mal was heißt ca zwei
drei mal oder so zuviel denn oben hoch bei sengend sonne
wurde unser haar zu stroh was wie du gerade meinst leicht
brennt da hast du recht das war auch so wir sanken trotz des
singens weiter und verbrannten dabei lichterloh ok nicht wir
doch unser schiff und unser beiboot ebenso und all die trümmer
senkten sich dann ganz genau auf jene stelle wo der schatz lag
und wieso ich dir all das denn jetzt berichte unterbrichst du
mich obwohl du selbst dabei warst oh mit dir war das ach so

Nightflight to China

»das sein ein witzen, der schüttern
nicht werden den erdenen ballen.«
(Ernst Jandl, ›*Von Lachen*‹)

hai mai shai skai ai lait ai saed ai flait: ai didnt. bat ai trait

B-Sides
oder **Begrenzungen braucht everybody**

bewohnbare bauwagengebirge verbergen
bisweilen das böse in britzbraven berliner boys
zumindest solange bis
z.b. bei ner bloodbrüderbattle bert the brightest's (= boss)
bel etage abburnt
+ der dann big bloßgestellt + blamiert baldigst
bonnies bomberbusen zu begrapschen begehrt
+ ihr busy zu breathen beginnendes
brutal beengt bauchbeheimatetes bastardbaby
im beat zu brei bumst (bad!)
zumindest solange bis
es sein bescheidenes being abrupt abbricht
+ bitte schön gleich in bonnies belly bevor überhaupt birthbereit
die (believe me) beerdigung beschert bekommt
zumindest solange bis
es ausblutet.

banal, bei blaulicht betrachtet.
b-movie bilder bloß
bestbekannt

Nora-Eugenie Gomringer

Das Herz

Eine Artischocke
Mangogroß und blaufleckfarbig

Kann geschält und freigelegt werden
Schicht um Schicht

Wird staunend wahrgenommen
Ob ihrer Größe

Könnte Eden beherbergen
Zwischen den Lungen

Ward verdeckt von der Rippe
Aus der die Apfelesserin geschnitzt

Kaum mehr Aufhebens
Um ein Ding – pflanzbar, aussähbar

Nach deinem Unfall in mein Brustbeet.

Ich werde etwas mit der Sprache machen

für J. H.

Ich mache jetzt etwas mit der Sprache
Werde jetzt etwas ganz Bestimmtes, Besonderes mit der
  Sprache machen
Da werden Sie staunen
Ich werde etwas ganz Erstaunliches machen mit der Sprache
Sie werden Ihren Partner an der Hand fassen wollen, so ganz
  und gar erstaunlich
Wird das sein
Auch wenn Sie nicht staunen wollen, weil abgeklärt und auf-
  geklärt und alles
So wird es doch ganz erstaunlich und unerwartet, ja unvor-
  hersehbar sein
Vielleicht wollen Sie Gott oder Ihre Eltern anrufen
So etwas Erstaunliches, was ich jetzt vorhabe mit der Sprache
Das wird ganz unerhört sein, was ich jetzt mache mit der
  Sprache, dieses Etwas
Erstaunlich wird es Ihnen vorkommen, für Ihre Sinne fast
  unverständlich
Diese Sprache, meine Sprache, ihr Effekt
Was sie auslösen wird
Ich werde Ihnen etwas vormachen mit Ihrer Sprache
Ihrer durch und durch bekannten Sprache etwas abringen
Da werden Sie staunen werden Sie da
Darüber, wie ich ringe damit
Ganz unglaublich wird das werden für Sie
Wenn ich da etwas mache mit der Sprache
Was Sie verblüfft und ganz atemlos Ihren Nachbarn ansehen
  lassen wird
Ich mache also etwas ganz Außergewöhnliches mit dieser
  Ihnen so bekannten,

von Ihnen genutzten Sprache
Das mache ich
Gleich
Sie müssen nur dabei bleiben, wenn ich da jetzt
Ja, Sie könnten sagen, zaubere, vielleicht möchten Sie sagen,
dass ich zaubere, so etwas wie Magie liefere
jetzt mit Ihrer verdammten Sprache
die Ihnen gefällt, gehört, Ihre ist
jaja, keine Sorge, das ist Ihre
da werde ich ganz schöne Vögel oder Sterne draus zaubern
per Scherenschnitt
Mit Ihrer Sprache mache ich gar nichts
Wenn Sie jetzt nicht weiter zuhören und dabei bleiben
Schauen Sie doch hin, wenn ich etwas ganz Außergewöhliches mit
    der Sprache mache
Schauen Sie doch, wie ich das mache, machen könnte, was ich
    machen könnte, wenn Sie mich denn nur verdammtnochmal
    ließen
Mit der Sprache ließe sich so viel machen, so vieles ganz Un-
    glaubliches
Unerhörtes und wahnsinnig Effektives, wenn Sie mich nur ließen
Warum lassen Sie mich denn nicht
So wird das natürlich nichts
Nichts Außergewöhnliches, Erstaunliches mit der Sprache
So wird das
Gar nichts, sehr bedauerlich, so ganz ohne Zauberei wird das
    nichts mit der Sprache,
wenn Sie nicht dabeibleiben an der unerhörten Sprache, der ganz
    außergewöhnlichen, durch meine Arbeit an ihr so veränderten,
    bekannten, altbekannten Sprache, so wird das natürlich etwas
    ganz anderes, ganz vom Anfangsgedanken Abgekehrtes, so
    wird das nämlich

nichts.

Nußbaumederlob

Den Nußbaumeder haben sie gelobt
Wegen seiner bayerischen Dramatik und
Dem Wie-Franz-Xaver-Kroetz-Sein
Gut, Nußbaumeder, haben sie gesagt und
Ihre Münder an Stoffservierten gewischt
Die Cognacgläser gegen das Licht
Vom Starnberger See gehalten
Sie geschwenkt und guter Cognac gesagt

Den Nußbaumeder haben sie dann vergessen
Weil das Essen gut und der Rock der Bedienung
Vielleicht etwas kürzer war
Das Stück mit dem Gurkenflieger und den Polen
Haben sie gar nicht verstanden
Aber gelobt haben sie den Nußbaumeder
Weil er ein bayerischer Dramatiker ist
Und Bayern so einen braucht

Dir einen Teller vorsetzen
Alles lauwarm darauf

Lange, die Stunden
Hinter dem Hollerbusch
Als ich Kniestrümpfe trug
Und einen Pferdeschwanz
An meinem Hinterkopf
Bis in den Nacken kämmen ließ
Du kamst zu mir
Nach dem eins bis zehn zählen
Eigentlich ein paar Jahre später
Da war der Sandkuchen verweht
Das Springseil aufgetrennt
Ich eine wirrte Frau
Deren Türe offenstand
Und in deren Flur die Blätter
Getrieben worden waren

Ich als Leiche

Das ist ein Anblick. Auch gibt es Varietät. Ich kann aufgequollen kommen oder aus einem Schrank fallen, dort von einem Mörder aufgehoben. Kann ohne Glieder liegen. In einem Bassin oder offenen Gewässer treiben. Meine Augen könnten offen oder geschlossen sein, gänzlich fehlen oder milchig sein, so dass meine Augenfarbe unbekannt bliebe. Dem jungen Polizisten zunächst nicht definierbar schiene. Natürlich würde der mich ansehen mit Wehmut. So jung. Und so tot. Ich kann gefroren an einem Baum lehnen, an einem Mast, in einer spärlich besiedelten Gegend. Feuer kann meine Haare versengt haben, meine Augenbrauen und meine Haut großflächig verbrannt haben. Meine Hände sind intakt. Herrliche Hände. Die Ringe abgenommen von räuberischer dritter Hand. Meine Ohrläppchen abgeschnitten und mit ihnen die Perlenstecker aus Omas Nachlass. Ich kann sitzen, wie Bates Mutter an eine Scheibe gelehnt, hinter einem Vorhang mit herrlichem Blick über die Landstraße. Wirklich herrlich hier. Endlich können Ratten die Füße angenagt haben. Die Stichwunden, drei oder vier in der Seite, eine in die Schulter – mit der hat alles angefangen – haben meine Bluse zerrissen. Organisches Versagen hat mich unschön verdreht. Meine Zunge habe ich vor dem Ableben nicht in den Mund sperren können. Ich als Leiche. Eine Wucht. Ich sehe immer noch schön aus. Irgendwie entrückt. Fern der Dinge soll das heißen. Und das würde ja stimmen, denn als Leiche wäre ich ja fern der Dinge wie putzen, Dinge tragen, einkaufen, Parties planen, Saft pressen, lesen. Solche Dinge. Meine Mutter kann mir das blaue Kleid angezogen haben. Wahrscheinlich bin ich etwas eingefallen. So schmal, wie ich es nie zuvor war. Ohne Vorwarnung bin ich gegen einen Baum gefahren worden bei einem Spaziergang. Da stehen jetzt Kreuze und Lämpchen für den Fahrer und mich. Natürlich. Zu

Tode gegessen. Mit einem Plan. Während einem Weltkrieg, dem dritten oder vierten. In einem Zug sitze ich. Unter anderen Passagieren und keiner bemerkt was, bis die Müllkollone kommt und mich anrührt und ich zur Seite kippe in so einer Art, wie nur eine Tote kippen kann. Das erschreckt die arme Person, die mich anrührt, sehr. Tut mir leid. Ich liege auf dem Rücken und sehe an die Decke. Du liegst auf mir und mein Herz hat ausgesetzt. Ich treibe in einem Schwimmbad und dass ich tot bin, wird erst entdeckt, als ich nicht aktiv ausweiche, als ein Junge vom Drei-Meter-Turm auf mir landet. Erhängt habe ich mich, erstickt mit Autoabgasen, viele Pillen genommen. Auf jeden Fall bin ich gefunden worden. Und keine Zeile. Das wird alle am Rätseln halten. Ich als Leiche. Das ist sehenswert.

Weg war ich

Für den Fuß eine Dehnung
Spreizung, mit einer Richtung
Renkung
Diese Zehen wollten und gingen fort
Während ihre Glieder spannten
Sich aus. Ich fühlte mich
Angelächelt und sah mich betrogen
Um Vieles in diesem Garten.
Die Wege rund um den See,
In das Haus hinein, der Blick
Die Bäume hinauf, auf die Spiegelfläche
Hinunter. Ich war – wie soll ich es sagen –
War weit

Greta Granderath

Versuch ein Wort zu verlieren

der Morgen gefüllt
vom Versuch ein Wort zu verlieren gefüllt
von der Unzulänglichkeit der Küste
das sind die Bausünden der Zukunft *baby*

***

wo sich das Wasser zurückzieht
verlangsamte Zyklopen ihr leuchtendes Auge
Miesmuscheln öffnen sich dem Sterben

Traktoren einst Stiere ziehen
Netze Fische Fischer Boote
an Land monströse Spuren
bevor der Tag eintritt ins Dorf

in den Laden bis an die Decke vollgestopft
Grundnahrungsmittel Tand
mein Fingerzeig sitzt falsch
zwischen Fischen auf Eis
Nivea Sun Verfallsdaten

Katzen würgen an Gräten ducken sich
unter eine zitternde Coca Cola Reklame
hinter Plexiglas verstummt der sandige Wind
und die Touristen (die wir sind)

mit müden Armen eine Bushaltestelle behaupten
stell dich an dieses Haus und heb die Hand und dann

ohne Stoßdämpfer prügelt sich die Landschaft ins Rückgrat

***

der Flussstand schwankt lässt die Boote auflaufen
die Mündung liegt versteckt die deutsche Zeitung

eine Dachterrasse die überheblich stimmt
Ventilatoren: ihr Klischee von Brise

der Nachbar verlässt das Pensionszimmer
steht unter der Milchstraße sagt *bloody fuckin' bitch*

***

täglich wird dein Stadtplan neu erfunden Lisboa
alte Frauen schütteln den Kopf in Sackgassen
auf schiefer Bahn die Nutten vorm Gemüseladen
und auf der Praça die Dealer mit ihrem
nicht endenden zischenden
Angebot

nachts dann die vollgepumpten Gassen
da vögeln zwei zum Fenster hinaus
pünktlich zur Müllabfuhr ein Pressen
von Leibern gegen Häuserwände noch warm
da schwärmen sie von der EU

***

Leerstand gefliester Häuser hinterm Bahnhof
doch etwas wohnt hier
der Wind greift einer Frau unter den Rock

später ein Tourist auf heißem Pflaster
der Beweis: Shoppen macht glücklich
zum Abend hin wird die Stadt erleuchtet
bis an die Bäuche der Vögel im Sturzflug

um den staubigen Platz üben fast noch Kinder
(die nicht wir sind) das Bremsen Schlittern der Autoreifen

in der Kneipe springt die Musik in den Morgen
der Wein ein Déjà-vu (das wir sind)

Rouen

ein Weiß über der Kleinstadt
versiegelt die Dächer Schiefer Reptilienhäute
die trocknen in der Sonntagsluft
werden Tauben verschluckt
ihr synkopischer Flügelschlag

Heilige aus Beton starren
durch Fenster die man dreimal bitten muss
zum Himmel
voller Glockenschläge Niederschlag
in der Peripherie die verschwiegene See

eine unterirdische Fanfare im Parkhaus
Wasser zum Bier dann am Morgen
sich neu erfinden wie das Brot
das man unterm Arm nach Hause getragen hat denn

Begrüßung und Abschied haben
hier den selben Klang

achtzig Prozent

die Muskeln halten nicht Stand
ein Zittern warmer Tiere im Schlaf
schlägt das Wetter stündlich um

der Sehnerv lässt nach ein Schlag
gegen die Stirn ein Nein
NeinNein im roten Korridor
ein Kraftakt verzögerter
Abschied von indirektem Licht
der aufblühende Wetterbericht
im Sauerstoffmangel

empirisch gesagt: achtzig Prozent aller Bitten
werden nicht versagt sag nicht es ist spät
für eine Bitte Wiederholung es ist spät
deine Liebe steht im Türrahmen
Wiederholung deine Liebe steht

zum ersten Mal dein Gesicht bei Tageslicht

der Nachmittag eine Kathedrale
aus Blattwerk Fernverkehr durchflutet
unsere geliebte Provinz ein Schaukeln
und Halten mit dir
ohne Geschichte mit einem Busfahrplan
dem wir vertrauen

Wasserschaden

welche Jahreszeit ist morgen
wenn der Wind aussetzt
schnappt der Kiez nach Luft

Bierseligkeit legt sich aufs Brustbein
ein Film von Lindenblüten bis der Himmel bricht
ein Zucken zusammen im Schutz der Sparkassenfilialen
das zieht vorbei wenn wir mit Karten zahlen
ständig auf Empfang

im Hof spielen durchnässte Kinder mit der Abendplanung
die Doppelfenster halten nicht dicht der Pegel steigt

diese glänzende Elektronik der Mottenflug im Flur
in Hauseingängen leuchtende Eltern
die den Tag zur Nacht erklären

vor dem Schlafengehen siehst du alles ganz detailgetreu:
diese Wand aus weißen Bierkästen
und deinen Wasserkocher
der langsam zu schweben beginnt

Rio de Janeiro

ein kleines Mädchen flaniert
ihr Blick *don't be afraid of death* schmückt ihre Brust
im Hintergrund pochen: Palmen Sterne

sich den Favelas nicht nähern heißt hier: still halten
die Leerstellen im Stadtplan auffüllen
im Takt der Rushhour

an den Straßenecken *frutas*
sucos vitaminas nach dem verfrühten
Einbruch der Dunkelheit

die Straßen nur als Pulk betreten
Schultern umfassen *vamos*
über die sechsspurige Avenida

kleine Münzen am Körper verteilt
im Taxi wie berauschte Kinder
falsches Englisch singen im Wind

leergefegt die Copacabana lautlos
ein Kopfschuss ein Körper auf Asphalt
den wir links liegen lassen rechts

verwaiste Promenade *gated communities*
und hinter Christus' Rücken am Morgen
ein zaghafter Erdrutsch

Jürg Halter

Unbedingt

Neun Millionen km² misst die Sahara,
die grösste Trockenwüste der Erde.

Durch eine nicht erwiderte Liebe
komme ich noch einmal zu Bewusstsein.

Wie im unbegrenzten Feld ein Soldat,
lange vor oder lange nach der Schlacht.

Dieses Haus hat gebrannt oder
dieses Haus wird noch brennen.

Es scheint, ich sei zur Vernunft gekommen,
um nichts mehr verstehen zu müssen.

Einen Tag weniger in dieser Wüste,
ein Tag mehr an unerfüllter Erinnerung.

So knie ich hier, sehe zu wie zwischen
meinen Fingern Sand zerrinnt.

Was ich nicht sehe, sieht niemand.
Es ist absolut – unbedingt.

Rede eines Steines an einen Menschen

Stell dir vor, der Stein, den du in der Hand hältst,
hält dich.
Stell dir vor, dass nicht du es bist,
der sich bewegt. –
Ein undenkbares Gefüge von Raum und Zeit
spielt dir vor, du seist es.
Die Wahrheit ist:
Der einzig unbewegte Punkt im Universum,
das bist du.
Alles, was ist, dreht sich nur um dich.

Gott betrachtet seine Hand

Zwischen Zeige- und Mittelfinger, wo
das Abendland einnickt und erwacht,
leben die Menschen ängstlich
zur Selbstdarstellung verdammt.

Sie fliegen hoch und höher über den Wolken,
tauchen tief und tiefer in die Meere.
Auch sich selbst laufen sie ein Leben lang nach,
sich alle Möglichkeiten offen zu halten.

Bis er sie doch wieder zu sich holt.
Sein Gestirn liegt in Falten.
Gott betrachtet seine Hand, –
ein unruhiger Geist bewohnt sie.

Kernfusion

Wir drehen uns im Kreis,
ich, Proton, du, Neutron.

Kommen zu keinem
gemeinsamen Stillsein.

Wenn ich über etwas schweige,
schweigst du über etwas anderes.

Wir spiegeln uns gegenseitig,
bis sich nichts mehr regt in uns.

Wer bin ich und wer bist du?
Unsere Fusion bleibt aus.

Neue Namen müssen her.
Sind nur Schall und Rauch.

Das Ende deiner Anwesenheit

Der Rauch, den du in den Raum entlässt und
das Gebet, das du dir in Erinnerung rufst.

Die Zigarette, an der du ziehst und
die Traurigkeit in deinem Blick.

Das Fenster, aus dem du siehst und
das Lächeln, das du doch zulässt.

Das Fallen des Regens, das Fallen an sich.
Das Rieseln der Asche in deinen Schoss.

Du sitzt da, so als wartetest du auf
das Ende deiner Anwesenheit.

Andrea Heuser

68 69 70 71 **72** 73 74 75 76 77 78 79 80 81 82 83 84 85 86 87 88

ngen Gelsenkirchen Graz Großenhain Hamm Jena Kirchen **Köln** Löbau Neu

vor dem verschwinden

WAS IST ES, was treibt da die tiere
die blumen, orte, namen aus
und wie viele züge haben dir
ihre bewegung geliehen
bevor du bliebst
hier, im türritzenlicht,

WERFEN in die wiese sich kopf über, und
beine stengeln, die stengel stutzen, blätter und blumen
bauschiges niedermähen, geiles gras grapschen, gras, und
ganz und gar rollig sein, blütenbauch und busengekitzel
käfern sich rückenwärts, erdig, erde, in erde, und
kleesüße, vogeldreck, sonnengeflecktes, schmetterlingsschlag
wimpern, schlieren, schnecken, kot, und
ameisen, alles, alles befühlern, betasten, krabbelnd bepicken
beschnuppern, bespuren, blumen, und
wind werden, sporen, motten, hummeln, flügel, vögel, alles
alles sei halswärts, sei himmel-, WERFEN, sich werfen, und

LOBEN und gelobt sein werden
die löwenzahnwiesen, der flieder
baum, ginster, gleise, der rotdorn
brombeeren und birken, buchen
bucheckern und farn, die gartenschaukel
die hintertür, gras, das gras, das
und altweiberfäden spinnen kindsein ein
das fahrrad, rostig jetzt bienensommer, wetterstille
das, was allen gehört, gehörte, was
weiter, tiefer wächst

TIEFER FLIEGEN und wie wiedergefunden so
zart, so überhängend, unter ihrem üppigen geäst
tiefer, fliedrig zittert die haut auf, ausströmen
im innersten gehölz, die hellen, die dunkleren töne
blätter, die blattrücken fluten und bis zum äußersten –
die blattspitzen, berührungen, in die berührungen gehen, so
suchend, gesucht

SCHLÜPFEN, die nachlässige lücke
in der zaunschale hindurch, als gäbe es das
anschmiegen, zahn- und ränderlos, hinein
kriechen ins blühen, den leib, der umhegt
umhegend nichts will als wachsen
wo das gras, mit allem einverstanden
bettet, federt, trägt, nichts nachträgt
wo wiegen sich, schaukeln lockt, in die schwingen
hinein sich verschwenden, ein weites fest im wind, hingerissen
kein hintertürblick, der stillstellt
anfassen unerwünscht

STEHEN. dort stand dieser baum, der
so blickbehangen, stetig an blattwuchs verlor
war es der wind, der ihn so bewegte
oder gab nicht er dem wind ein gesicht
im beben der zweige, im blick?

GEHEN. zwei kehren um einen
hang voller obstbäume hinauf
gehen entlang derer, deren äste
gerade abgesägt, gären im mark
auch die bank, ihr panorama
fest im blick

FLIESSEN, blassgrün, nach verbotenem
riechen, schnuppern nach spuren von etwas, das –
kiesel, gekieseltes greifen, fingern an rundungen
rutschen von der glitschigen böschung
kaltes, metallenes, nasses umschließen, umschlossen werden
himmelwärts halsen das blau, das, sich verströmend durchströmt
trunken trudeln, so tief wie möglich verschwinden
im murmeln, im glucksenden –

SAMMELN. sie sammelt, als schwänden
mit jedem tag mehr die konturen.
unter ihren halbmondnägeln, glanz der
kiesel, murmeln
fäden, in ihren augen
las sich der krieg, lang schon bevor

FRAGEN nicht mehr
wieder und wieder
was, was hat sie
SAMMELN, da waren
in all den altkleidersprachen
doch auch sommer
wiesen, tage, als verschöben nur wolken
licht, darin, *last & lost*, puppenkopf
förmchen und pferde, buntstiftblumen, garten
gezäunt ihr rock, kniestrumpf und turnschuh, zahn
spangenrot, ihr fahrrad im flieder, flirren, das flirren
zeitgebreitet über den gleisen warum, was
was hast du gesehen?

SPRECHEN hier unten, ganz nah
beben der gleise

mückenschwarm über ginster
das gewitter bleibt aus

HÖREN, sie wird wieder dort am fenster wird sie
wie lange aber braucht ein gefieder
auswachsen wird sich das
sie wird wieder dort zum gartentor
beim schlag der tür, kein laut

SPRECHEN jetzt, die tauben wieder
noch, noch einmal
dein heller ton
über dem schotter, dem ohr

DIES HAUS. sein rotbrauner ton
sein verschwommener umriss
wispern – das flussufer klart auf
schienen, gestrüpp, stilles gestein
was fürchtest du dich?

diese tür teilt keinen schritten
ihr innen und außen mehr zu
vagabundengesichter, flüchtige
stimmen bewohnen ihr holz: wir wollen
nicht wissen, ob du dich erinnerst

dies zimmer. zarter staub rieselt
aus seinen poren. kein winkel
kein buch in den regalen, das nicht
bebt: sie ist nicht mehr
an einem zukünftigen tag

dieser fernseher ist längst aus seinem bild gefallen
in seinem bauch nisten zuweilen die tauben
auch auf dem zersessenen sofa federn, gesprenkelter dreck
du leertest hier deine venen: ich werde dich nicht
verlieren, ich werde dich nicht verlieren

dies fenster. sein sperriger blick
ruht im rechteck. karge tage –
das gras wächst dir über die kante
so wie man fortwächst in fremdem
gedächtnis

dieser schaukel dort fehlt es an rücken
der wind verfängt sich nicht mehr
er zerrt an den streben: ich habe
jasmina fliegen sehen, ich legte mich
unter ihr haar, hob es zu schwingen,

nun aber ist der himmel
ein vogel über gräbern
und wie vor einer tür
die abgesperrt ist
hämmert irgendwer, hämmert –

LIEGEN LERNEN in menschen
bald schon gelernt haben, dass
still, wir haben schon zu viele
geschichten auf dem rücken
zu tragen wie häuser

GLAUBEN. darin ein verschlossener garten
meine schwester, braut unter dem schotter

zwei tauben sind ihre augen, verblichen
ihr gesicht, ihre glieder, ihr haar
auch das windrad vergaß gleich gott allmählich
vergaß sich über ihr zu drehen
langsam haben sich
fliederzweigsträhnen haben sich
über die bleichen steine gekämmt

DREHEN, wenn sich dann umdrehen, dann
diesen einen herzschlag lang nicht mehr wo
und wo zu leben einen ort es
noch, noch einmal DREHEN, sich drehen, und

VOR DEM ORTSSCHILD
schottrig liegt der tag
dreh dich nicht um, dort
vor dem ortsschild, im schotter

Herbert Hindringer

68 69 70 71 72 73 **74** 75 76 77 78 79 80 81 82 83 84 85 86 87 8

na Kirchen Köln Löbau Neunkirchen **Passau** Saigon Soest Warendorf War

kontrapunktisch

wenn ich an den zukünftigen tod meines vaters
zu denken nicht aufhören kann, spricht das bett
eine fremdsprache mit mir. ich schlafe nicht ein

sagt der gedanke an seinen tod
wie ein frosch auf meinem fuß

der mich am weitergehen hindert

bis endlich alle darüber gelacht haben

mein vater ist zahnlos

röntgenbilder unter dem kuchenteller, ich verbringe

diese nächte so
so weit weg ist

der atem vom mund

meine mutter kam samt ihrem funkloch
wir mussten sie im garten aufstellen, wir
verharrten auf dem balkon und winkten
ich hatte augenringe und war bald heiser

das grollen einer lawine oben auf dem dach

die antenne ragte aus dem rücken meiner frau

in einer schlaflosen nacht strahlte ich meine mutter
mit der taschenlampe an, sie sprach von den fehlern
meiner vorfahren, so als müsste sie mich als fußnote

zum klingen bringen

umfeld

der nachbar isst nicht mehr auf dem balkon
er war täglich brot
beim blumengießen läuft er auf das gleiche hinaus
aber nur kurz
er benutzt nicht den lift, um die hose runterzulassen
er braucht nicht die nacht
um davor die augen zu verschließen
wir begegnen uns manchmal
als kommende und gehende erinnerung
an den alptraum von den näher rückenden wänden

am anfang

war: meine kellerwohnung
mit leonard cohen und echten brüsten

die schatten warfen
getränkedosen und reifes obst

weder noch petting
in der altstadt um vier uhr morgens

in einem hauseingang mit dem taxifahrer
als zuschauer

alle ampeln waren ausgeschaltet
auf dem weg zum großen wagen

räumten wir die straßen und das feld
das gestohlene fahrrad kannte unseren weg

als hätten wir es schon vor jahren geklaut
und singen kam aus italien in unseren mund

dann: 1 minute und 2 sekunden später
ist mein weißer körper berühmt geworden

zwischen den zeilen lesen, sagst du
und streichst mir durch das haar

unter der bettdecke schreib ich dir
eine karte aus sankt glücklichsein

mit einem gestöhnten wort von dir
mal ich die welt an vor lauter staunen

vor diesem ton wie warme erde
vielleicht denkst du, es ist zu früh

aber mein herz ist wunderschön
und du bist auch da drinnen

der anfang ist gemacht
die geschichte läuft wie ein kassettenrekorder

und nimmt keine weiteren protagonisten auf

the quiet art of standing still

die finger bis zur mündung ausstrecken
mein arm steckt immer noch unter deinem kleid
auf der nasenspitze ein ei balancieren
während meine augen dich umkreisen
und dabei beinahe zusammenstoßen

ich gehe auf händen

zugrunde

eine eintagsfliege / menschliche kanonenkugel

der messerwerfer verfehlt mich
und trifft die frau seines lebens
weil ihm deshalb (»der messerwerfer verfehlt mich«, zeile 10)
gekündigt wird

dann fängst du endlich an
der tagelange beginn einer pirouette
der vorsatz groß zu sein
und ich werde sofort mehr
: zu einem publikum aus glühenden verehrern

die sich jahrelang vor dem einschlafen

um ihre erektionen herumgedrückt haben

ich beiße einem alten in den rauschebart
weil ich denke es ist zuckerwatte
du zwinkerst und hältst
damit die welt im gleichgewicht

von der liebe

bleibt auf dem oberschenkel eine spur
die du vom tätowierer einkreisen lässt

da ist ein gewitter im anzug
aber wir tragen noch immer

rock & roll
kragenpullover

nehmen das alles viel zu sehr mit
ins gestrüpp und in die eingeweide

ich imitiere den wolf im schafspelz
du trocknest das haar in der suppe

in den pfützen schwimmt benzin
schillernd wie ein regenbogen

über den wolken
muss das wetter wohl hüllenlos sein

mit haushohen farben malten wir
den börsengang deines kardiologen an

er inszenierte einen blutsturz
und so bliebst auch du leicht bläulich

das letzte mal nackt, dass du anlauf nimmst
um über mich hinweg zu kommen, sagst du

da muss ich lachen und mache das licht aus
von der liebe angestiftet zu lügen

(mit reinhard mey)

Marius Hulpe

moabiter balkon

es sind nur streichgeräusche, die die luft
heut von sich gibt. auf dem ehemals
verseuchten spielplatz fliegen ein paar kiesel
als salven einer rache vor die torschusswand.
ein laster holpert übers kopfsteinpflaster, kreuzt
noch voller vorsicht die waldenserstraße. drüben
hat der bäcker seinen kuchen reduziert, wie immer
gegen siebzehn uhr. ein paar balkone höher
feuern zwei cousins die wasserbombe ab.
direkt vor den schuhen des verwalters schlägt sie auf.
eine frau anfang neunzig wuchtet ganz entspannt
ein paar kilo dosen und gemüse unters dach.
bloß nicht den lift, schreit der verwalter
hysterisch hinterher, heute waren handwerker da.
bloß nicht den lift, das kann schlimm enden.

listening vollmond

nur wenige tropfen auf der fensterscheibe.
am wochenende, sagt der mann im radio,
klärt es sich auf. deine ellenbogen
liegen ruhig auf dem fensterbrett,
wie briefbeschwerer. oder pädagogenhände.
du hast es so gelernt. du hörst
am waldrand ein paar wildschweine
um die macht im genpool kämpfen.
zu früh kam der herbst diesmal.
nichts war auf ihn gefasst, und nun
schlagen kastanien und walnüsse laut
wie fallschirmspringer durchs holz.
auf sie folgen stürzende maschinen.
und du, am fenster kauernd, hörst
durch die nacht hindurch, entfernt, den aufprall.

keine dauer hier

zwecklos, das mit sich zu schleppen. von der hand,
die lange großzügig war, nichts zu sehen.
sogar die wünsche haben staub angesetzt. dagegen
hilft nur der kräftigste denkbare schluck.
wer hätte wissen sollen, was daraus wird. diese münze,
sagte einer von uns beiden, wird mal etwas wert sein.
heute hilft noch nicht einmal wöchentliches
polieren gegen den rost. also weg damit, denkst du, aber
nur kurz. dann ist der spielplatz wieder da, die
zerbrochene weinpulle, die vom herbst nasse bank.

julielegie

der garten in meiner kindheit
eine der beständigsten denkfiguren: er
lebte von seiner präsenz.

so im sommer, wenn der plastikschrott
um den grill sich versammelte, aber
vor allem, wenn der boden fror.

die sträucher am zaun waren zäh.
mindestens zwei stunden torschusstraining
hielten sie täglich stand.

am fenster das schwesterngesicht, ungleich
missgünstiger als jenes der oma
zwei stöcke tiefer.

im mai, im mai
da war es noch nicht juli, aber
immerhin.

gärten, jahreszeiten

vieles kam und ging, wurde ersetzt, oder
ging auch mal freiwillig. besonders die sonne
im späten herbst, oder diejenige, die das frühjahr
ankündigte. noch mehr ging: freunde, lehrer, trainer,
mit ihnen methoden und einiges mehr an rüstzeug
für die nächste zukunftslose liaison.
die jeweiligen ersatzhandlungen machten es nicht
besser. zustände für den moment.
der apfelbaum im garten war klug: zeit
schien ihm nur eine randbedingung, was zählte,
war der sommer ohne sammler zwischen den füßen.
wenigstens die amseln wussten, was sie suchen.
wenn die nüsse ins gras fielen, war vieles
oft zu spät. dann flogen schwärme auf, erinnerten
an alle bestehenden möglichkeiten und an
die liebevolle, unverschämte größe des ganzen.

BALI, landeinwärts

in diesem bus war kein schweigen.
außer dem unsern, der gäste. wir trugen
die gewaltige hoffnung auf ungesehenes
stoisch in praktischen rucksäcken.

wir blickten hinaus, auf das feld
und in die gärten, die früchte warfen:
teuerstes exportstück dieser bauern,
köstlicher grund für eine rast.

kaum ein blutdruck wehrte sich, der
runde helle ball am himmel blendete
und verstrich die narben der landschaft
mit einer energetischen paste.

wir kämpften beharrlich mit sonnenbrillen
gegen die lichtflut an. und sahen dann auch.
die überfluteten terrassen. wasser und sonne
in magischen streitigkeiten.

märz zuwenig, märz zuviel

das war dein stiller märz, im gras
saßen die ersten boten, flugbereit, jede
kopfgeburt zum himmel schleppend, ganz dicht
an den wunschwolken vorbei, einen frühling
lang hielt die depression.

kurz blitzte es, im kopf, am himmel,
auf dem papier. fliegen summten, stoische nachbarn,
vor der einfahrt zur epiphanie.
hilfreich waren die wünsche nicht.

was lag dort nicht alles, zwangsblumen
in diesen zugegeben apokalyptischen wohnzimmern.
eine frage der täuschung, räumte man ein.
der apfelbaum aber, im garten,
sorgfältig schrieb er alles mit.

und wie wir ihn forderten,
mit unschlagbarer ungeduld,
mit einem messer in der blutbahn,

das war ein märz zuwenig,
                    einer zuviel
für dieses unsagbar schlichte verlangen.

Roman Israel

68 69 70 71 72 73 74 75 76 77 78 **79** 80 81 82 83 84 85 86 87 8

mm Jena Kirchen Köln **Löbau** Neunkirchen Passau Saigon Soest Warendo

Omas Höllenfahrt

ich war dort, wo
wir sonst auch Gemüse holten
und kaufte einen Korb
voll grüner Gurken voll

der Korb war schwer
und schnitt in meine Hand
und Blasen quollen daraus hervor,
dass es weh tat

da kam die Oma angerannt
und trug ihn mir
bis vor die Tür,
den Korb voll grüner Gurken voll,
und wollte Dank von mir
und wollte, dass ich sie umarme

ich aber sprach:
»Wenn dich deine Hand
verführt hat, Oma, so reiß sie ab
und wirf sie weg,
denn besser ists,
wenn deine Hand verfault,
als wenn die ganze Oma
in die Hölle fährt!«

so sprach ich,
schweigsam ging ich
meines Wegs,
hinunter bis nach Jericho

Regen

an die Scheibe trommelt
der Regen, ich mache das Fenster zu

draußen spannen die Leute
die Schirme auf, andere ziehen sich
Kapuzen über den Kopf

meinen Kaffee in der einen
haltend, schlage ich mit der
anderen Hand den Kalender auf

ich durchforste die Termine des Tages
und überlege, welche
Strategien heute zu fahren sind

im Büro, der Großkotz, der immer
alles besser weiß?
auf dem Amt der Unwissende, für
den man Mitleid empfinden muss?
privat, je nach Bedarf,
der ruhende Pol oder das
witzige Urzeitmonster?

draußen klappen die Leute die Schirme
zu, der Regen hat jetzt aufgehört,
ich überlege, wie ich bin,
wenn ich mal niemanden spiele

Wirkung

ich konnte nicht verhindern,
dass eine Fleischhackgeste
mit der Hand, die ich tat, um
eine Mücke abzuwehren,
mich in den
Augen andrer zum gesuchten
Verbrecher
machte

– negativ zu wirken, davor
ist heut niemand mehr
gefeit

Späne

das Küchenfenster war geöffnet,
die Laterne draußen machte graues Licht,
eine Mücke surrte,
die Dünste eines Coq au Vin
flatterten in die Nacht

Louis Armstrong sang

ein Buch lag auf dem Tisch,
ein Vers war angestrichen darin,
Susis Foto lag daneben

ich roch die Dünste,
ich roch die Nacht,
eine Mücke surrte,
Louis Armstrong sang

ich schnallte mein Holzbein ab,
ich wog es in meiner Hand,
ich nahm eine Säge,
ich schnitt es in Scheiben

gleichmäßig und sauber,
dass nichts, gar nichts, kein Span,
keine Späne auf den Boden
fallen konnten

Zwischen den Hügeln: ein Baum

zwischen den Hügeln:
ein Baum
und am Baum
grüne Blätter
und verwelkte Blätter
und ein Spatz, der sitzt dort,
der ist dürr, der ist schwach
und hässlich

und dann kommen Holzfäller
und brechen den Stamm des Baums
mit der Axt
und zermatschen den Spatz
und teilen ihn christlich
und sagen:
»Es werden neue Bäume wachsen
mit grünen und verwelkten Blättern
und es werden neue Spatzen schlüpfen,
die dürr und schwach und hässlich sind!
Was also glotzt ihr so
entsetzt, ihr Tiere?«

Der Mensch – Ein Schwein

das war im Sommer:
von unserem Fenster aus
konnte man das
Distelfeld blühen sehen, darin
zirpten hunderte Grillen

»Da muss ich hin!«,
sagte ich zu meiner Mutter,
»Um einen Drachen zu
erlegen!«

und fröhlich nickte
meine Mutter, sagte:
»Tu, was du nicht lassen kannst!«

ich aber wusste,
dass es dort im Feld
gar keine Drachen gab

trotzdem belog ich sie,
missbrauchte ihr
Vertrauen, noch
ehe ich richtig flügge war,
ich Schwein

Morgens

das Wasser aus dem Hahn
schmeckt abgestanden, fast
wie Blumenwasser, spuck es aus

das Müllauto holt die Tonnen ab,
es scheppert, ich mache das Fenster
zu

im Radio redet ein Pfarrer über
Triebe, Ausgeburten der Hölle,
ich schalte ihn aus

auf dem Tisch liegt die Zeitung,
ein Bild zeigt
eine nackte Frau

schweigend
lege ich einen Sack
über meinen Kopf

Daniel Ketteler

68 69 70 71 72 73 74 75 76 77 **78** 79 80 81 82 83 84 85 86 87 88

:hen Köln Löbau Neunkirchen Passau Saigon Soest **Warendorf** Warschau

Hildegard Knef - Remix

Du bist das Knacken, wenn
die Nadel aufsetzt und nun
halt Dich fest, es klickt
das Metronom und

ich blicke hinunter, dort,
wo die Ohren auf den
Asphalt drückten und
das Negativ

Deiner endlosen Haarstrecke
erscheint mir plötzlich wie die
Rillen dieser Platte,
Schnecke ohne Ecke.

Du bist das Knacken in der Rille,
das Organum meiner Planung,
bist der Knopf an meinem Kittel
bist mein Verbum, ich Artikel.

Du bist das Knacken, wenn
Die Nadel aufsetzt und nun
halt Dich fest, gleich klickt
das Metronom und

Du schaust hinein in diese
Amplitude aus Skalaren,
alles Abgrund, alles Melodie,
halt Dich fest an meinen Haaren.

Du bist das Knacken in der Rille,
das Organum meiner Planung,
bist der Knopf an meinem Kittel
bist mein Verbum, ich Artikel.

Du bist das Salz in meiner Suppe
und mein Zucker zum Kaffee,
– Du bist alles was ich hab.

Landnahme I

Dem Rauschen meiner Seelenelektronik,
zu lauschen,
war mir neu.
Scharfe Schollen, reibende Tektonik.

Aber: Pneuma mag nicht alles sein!
Im sanften Kreiseln rattert
zahnlose Mechanik,
greises Knochenreiben etwa,
wie im Jahrmarktkarussell.
Hinter wattigen Kumulusformationen dann
dampfende Keramik.
Schuften also für eine Kulisse aus
Schönwetterwolken und Balkonen.

Dann dreht sich plötzlich alles um
und ich erahne, wie schön es wäre,
einmal auf dem Kopf zu gehen,
den ganzen Saft im Kopf und
Luft dann in den Zehen.

Pudel Club Hamburg

An der Theke sind wir alle gleich,
brechen uns herunter auf ein
Glas Vodka mit Eis, spukend und
zahnlos regnet ein brutaler Basslauf ins
Gehör, und wenn die ersten
Nebelhörner den Morgen
ankündigen, treten wir
hinaus ins Dämmerlicht Hamburger
Schule, wo sich vor Dock 12 schon
ein Fleischhändler in der Kälte breit
gemacht hat, dampfend,
Fatamorgana warmer Frikadellen.

Bingo!

Das Glück des Tages schiebt sich
in Form einer Zahlenreihe auf das Gesicht
des Einzelkämpfers an Tisch 29.
Zwei Blocks weiter verharren die Analysten
über ihren Rechenschiebern.
Was ist passiert?

Das Hemd ist zum Bersten gespannt.
In der Hand Brillengläser wie Hamburgerbuletten
kämpft sich der Winner zur Glücksfee hindurch.
Oh my God, you won the peeeaCOCK!
zupft der Transvestit dem Seligen am Holzfällerhemd herum.
Sein Kopf, blutgestaut, wie auch das
Rouge seiner schillernden Braut.

Dann der Triumph, als der Kunstvogel made in china
zu Rumoren beginnt, die Leuchtdioden türkises Licht
verblinken.
Eine radschlagende Mechanik, ein grelles Gefauch,
der Schmerbauch küsst hastig die kantige Frau,
er greift die Trophäe und wird selbst zum Pfau.

Orpheus zieht den Stecker aus der Styxdose + erntet ein weißes Rauschen

auf der Mattscheibe ein Historiendrama +
Eurydike daneben in ihrer Schlafmohnkapsel –
ein metaphysisches Tier.
Auf dem Kopf die Elektroden ihres Traums
von β-Wellen, eine Ableitung aus einer fernen Welt +
vor dem Fernseher, die Toten, die seit Wochen
mit ihrem Fön in einer fettwächsernen Lake
aus Vergessens vor sich hin dümpeln +
Hades rauscht mit einem Zischen aus dem Gashahn +
die Laufschrift der Newsticker, der Strom an Informationen
reißt nicht ab, da prallt es an die Schädeldecke,
wir sind jetzt Papst +
wir sind nichts als weißer Rauch,
der aufsteigt und auch
wenn einer sich bemüht,
aus dieser Welt zu flüchten,
verblüht er schnell –
Berochen von Gerüchten.
Berichtet wird von einem schnellen Brüter,
soll abgeschaltet sein, ich finde den grauen Eierkocher
noch recht lebendig, diese steinerne Pestbeule
inmitten schmerzlich grellen Grüns.
Eine brennende Windkraftanlage rudert ins Bild,
vormals Garant für 140 Zwei-Personen Haushalte –
Nun also doch wieder die Stecker in den Eierkocher?
Dampf tritt aus, ein Pfeifen zerteilt den Luftstrom,
Supergau im Eierbau oder
auch Karneval im Bullenstall.
Schon wieder ist alles in Bewegung,

nur durch Reibung entsteht Wärme:
$U = R \times I =$ Energie. Von der Straße
grüßen die Auslagen von Elektro-Willi.
Die Wörter sind nicht zu halten, Kettenreaktion +
Eiersalat: ›Zieh mir Deinen Stecker aus der Dose,
sonst krieg ich 'nen Kolbenfresser ...‹
Unzensiert an das städtische Netz angeschlossen also auch die
Luststuben gegenüber, Moschusduft in engen Kabinen,
ein Exempel an Elektrophysiologie:
Erregungsüberleitungsstörung, Blutungsschwall =
Stillstand, weißes Rauschen, Stromausfall.

Hersz

Durch den dicken Brillenkasten
der wirre Blick zurück auf 86 Jahre, hinter Kompottschalen:
polnische Widerstands-Kirschen, die Hose bis
zur Brust, das Hersz wie immer am rechten Fleck,
gequält von Zweierlei: der gute, wie der böse Dreck und auch
die verlorene Adresse der Tochter klebt ihm noch im Nacken,
doch er findet sie einfach nicht.

Die Tortur des Lebens, ein dementieller Flashback,
der Altenheimdirektor mit seiner Foltermaschine, Kaufmann:
›He's sooo hässlich‹, das Leben auch, und man sieht den Wald
vor lauter Buchen nicht, im KZ und auch an
diesem großen sibirischen Fluss wurden jeden Tag
die Augen wie reife Kirschen entkernt; mit bloßen
Fingern; ›Doctor, this is not just an interesting story,
this is a catastrophe, but I am just an old
uneducated man!‹

Dann wildes Geschrei: Jerusalem will sprechen,
schnell die wenigen verbliebenen Informationen
in den Pässen verstecken, die Tochter ist gefunden,
und: nach kurzer Zeit: verschwunden,
ein jeder Tag Befreiung, ein jeder Tag Verrecken.

Norbert Lange

68 69 70 71 72 73 74 75 76 77 **78** 79 80 81 82 83 84 85 86 87 8

ᚼenach Erlangen **Gdingen** Gelsenkirchen Graz Großenhain Hamm Jena Kir

Taglied

Andererseits das Leben *besteht ja auch nicht nur aus feineren Pixeln*

(d i g i t a l)

Heute morgen verschiebt es die Stadt
Indem es Anflug nimmt, es schiebt die Zeit
Beiseite, legt dort Einkaufszeilen ab
Es zieht Gardinen zu und zieht die Sicht
Auf Kaffeeschwaden vor, die letzte Nacht, ein Kuss
Gewesen sind. Es werden schleichend aufgelöst. Bedauern sitzt
Am Tassenrand, die Fliege döst und putzt : *jetzt ihre Beine*
   wird am Tassenboden aufgelöst
Und wach zu spät, es wird ein Kuss entfernt
Ist Haut, ist Haar, ist da Geflecht von Arm und Bein
Sind angespülte Reste Nacht, ganz nah
Doch für Hitze nicht mehr heiß genug und nur für den Moment
   gemacht
Es schneidet dich zurück : *Schnitt gegen eine Tür*
Aus Ziffern taucht es wieder auf, es schiebt / es dreht
Sich zwischen Wände und den Globus etwas weiter
Den Moment rasiert es dich und lässt dich kalt : *es schiebt / es dreht*
Dich aus den Ziffern, und den Globus, stücke-weiter
Steht es vor dem Kühlschrank offen da, es steckt und steckt
Ein Zittern in den Aggregaten, das spaltet weg
Den Blick mit Kälteschocks, das rückt die Zeit und schiebt
Zur Seite was dazwischen liegt : *Geflügel, Zwiebeln, Wein*
Das BEIZT, die Birne flackert, dann ein Motor summt
Das legt sich über Haar und Haut, und : *Geräusch*
als täten Knochen, Leber tanzen, die Lungen
   Nieren : *und der Kühlschrank summt*

[110

Waffenkam. Hörbeispiel

Kopfhörer mit vorgeheizter Lundte, reich verziert,
kaum hörbar sachten *Soundeffekten* von Disc;

Schwanenhals – ein Niesen, das wird der Pfeffer
gleicher Farbe, der von der Geschichte, sein –

der, aufs Täfelchen gestreut, gleich bei der Vitrine
aus den Bleiarchiven kommt: schwarzes Pulver

ins Rohr gestreut und prasselt aus dem Pfefferglas,
dies ein Pulverschnabel, *repeat:* Schwanenhals:

eine hirschengerechte Büchse aus dem »allerletzten
Krieg«, aus dem die Würze allen Übels hörbar

laut Schlachtengemälde auf den Ohren Kinderhände
per Laiensprecher aus dem *Vogel rokoko* knallt;

wozu das, mit vorgeheiztem Lauf und schönem Griff,
abgefeuert wird und würde. Käm drauf an damit zu würzen.

Zerrrrhakkt, heißt das: selbst die Tannen
Bretter (?) (20mm); das Reißzeug ist die
Feder, mit der der *zerrrrhakkt* selbst den Lack
Der der *flatterflatter* Gefieder-Tarnanstrich
Jetzt der Vogel in den Blick reißt *tirili* am Loft
Gezeter, weil dem sein Seelchen, sichtlich

Vom anderen überrascht, andere Sprache spricht;
In eine **Irre Sprödigkeit** vom Gefieder *jetzt*
Blick in den Vogel Seelenloft, die Federn springen
Spätzchen sicher irritiert von dieser ganz ganz
Schiefen Seelenkunde *rotesrotes* STÜKK Riemen
Vom Spatz, an sich: wie an einem Kabel hängt

Wie Radio der Mieter; das der weniger von beiden
Passende **piepmatzinternes Geschlinge** *sonst*
Kein Ton erzeugt, was den zerrrrhaut hat Piepmatz
Samt und sonders vom kleinen kleineren Vogel
Pulsendes Hertz grad die Seele aus dem Schnabel
Zieht, den Putz von Vogelhäuschentarnanstrich.

Kaiserbrötchen

Backen, nach traditionellen gesellenhaft, *Rezepten*
Eingeknetet, bei beigemischter Backanweisung
Stellen wir *weckmännekens!* die Stirnen her glasiert
Hinter den Kasernen, die wegtragenden Männern
Die sich mit Brot und Sack **vom Krieg Verkrümeln**
Sauber nach Rezept *kapiert!?* ausgebacken haben

Kriegsbrote schon; Beutekorb: *geschorfte Uniformen*
Mit *die Lippe verkrustet* am Brötchen lutschend
Am Stacheldraht; die Dienstabzeichen dort suchend
's Fingergebäck in Maschen, **hungerverschärft**
Und wie an Brötchen an ihren Händen lauschen tun
Na spielen noch im Schwalbennest, Schwalben?

Geschüzze Donner; wobei die *Geschichtszüge* längst
Für Frühaussiedler über's Zahngeleis geschoben
Hochtemperaturen aufbackende Geschichtskrusten
Dabei *mehlige Augen* aufgebrochen worden sind
Dies also kein zweimalig **aufgebackenes Aufbackbrot**
Das *Pauspapier* mit Blechen aus den Öfen kommt.

Pfingstherd

Guten Tag, das Papier so zu ziehn durch Säure,
dass, und Bewegung=Säubern der Blicklinsen,
der gestochen volle Mund vom Baum abhängen;
ihr Gesprächsguthaben beträgt Blickschlingen

plus kostenlose Hörchecks voll Vogel=Stecknadeln,
tausend blitzend fein geschliffne Wortbeilchen,
die *mit besten Empfehlungen* des Hauses Schnäbel,
im Bildteil Daumen und Zeigefinger schneiden.
Hochätzend so und kratzend die Federn *ist die Stadt,*
ist ein Stahlstich von Dürer wie beizend die Tinte
Linien laut gezogen hat sprichwörtlich Ohren gefüllt;
dass, dünn-scharfe Striche, die nassen Bürgersteige,
und kalte Nadeln ihr glänzendes Bild auf leeren Augen
erste Schmerzanzeichen verschicken; *kannst du es hören?*

AIDSSCHLEIFE, *nachtremis*. Köter
und weiter ein Stück in Richtung
des Mondes / weil die Wolken kaum
wo rundherum nach Zahlen: Sterne fast

wie schwarzer Flaggen Treibhunde Jagd
auf Hagelschlag mit Fernsehantennen / sag:
Funkwellen; Schnauze auf, lass kommen;
Sturmböen ansagen verschwommen

tatsächlich Hagelschauer am ordentlich
gekehrten Haus, wo entfernt die Meute jault
um zuletzt wie aus einem Maul / *bei Fuß!*
die wehen Glieder sich biegen hören

da hier unten einsteigt aufs Gebelle oben
von der Sehne auf der krummen Bahn das Rudel
entlassen im Lauf Beine in die Nacht streckt
das Skelett in eine neue Form geschoben

ein wie Knochen brechend grober Ton / *gib Strom*
wo unterm Röntgenbild der Wolken, auf allen
vieren brennenden Pfoten, und den Seelen
Richtung Osten, ihnen nachzustellen

AIDSSCHLEIFE, *nachtremis*. Köter
und weiter ein Stück in Richtung
des Mondes / weil die Wolken fast
wo rundherum nach Zahlen: Sterne fast
verloschen sind am schwachen Licht *die nüstern*
wie schwarzer flaggen wolkenhunde jagen;

durch die Decke blitzt / *aufsetzt die schnauze*
mit dem Himmel zwischen den Zähnen
der als ein Fototapetenstück, mit abgerissen
auf den Teppich kommt; schüttelt sich
leicht benommen: süßes so, ein Hündchen
die Schnauze brennend voll, *augen flakkernd hat!*

Und schnuppern nächtlich mit dem Tier ins Licht:
dass Putz und Bausubstanzen *niederblinzeln*
leicht porös / *sodann erschallen grässlicher trompeten*
von aus dem Unterboden laut, so dass die Wände
heulend aus dem Biest heraus, in den nächsten take / *zerfallen*
höllentore öffnen; jagdhörner spieln von band.

Katrin Marie Merten

Nicht Glattem, zur glänzenden Fläche Gefügtem,
ich glaube verblichenen Stoffen die Jahre,
an Rändern sich lösenden Fäden die Enden
und schärferen Kanten den Abbruch:
Schnitten und Scherben. Ich glaube dem Festen,
dass etwas sich eindrückt, in Kerben Gekrümmtem,
dass etwas sich fügt und sich festsetzt,
wie unter den Nägeln *die Reste vom Tag.*

Weil sich alles zusammen zieht, *wenn es Winter wird*
auch um den Hals. Vor Scheiben befehle ich
Kehlen aufzuschnüren, Kristalle abzulegen, dass sie
einwachsen schneller in billiges Glas, weil es dünner ist und
weniger splittert vom Restlicht ins Zimmer. Weil
wenn es dunkel genug ist, Augenpaare sich doppeln
vier Pupillen vielfach weiter zielen als zwei
und mehr von dem zeigen, das sich ausweitet hier,
weil es wärmer als draußen ist.

In dieser Stadt liegen die Schatten nicht lange auf Flächen,
sie nähern sich rasend den Rändern: Bordsteinen, Hauswänden,
Zäunen. Schatten erklimmen nicht, sie überwinden
ohne Geräusch und ohne Gewicht. Der Himmel ist zweifach
gezeichnet: Wolken am Boden und oben, die Farbtöne
wechseln, mehr nicht, doch
sehr schnell in dieser Stadt und wer weiß, *wie es anderswo ist.*

Ein Schaudern vor jenen kleinen und großen Sekunden,
die unter, über und neben Sächlichkeiten
ins Zwischen der Tage sich schieben,
die beinahe tanzen im Takt der Straßenbahnen, im Schein
kurkumafremd gefärbten Lichts. Laternen
köpfe lecken das seltsame Lied vom Asphalt,
wie Ziegen das Salz von den Fingern.
Zwischen Fensterknochen spannen sich Scheiben,
die sind ganz wie du: diaphan.
In die Schwüle des Beinaheseins diffundiert etwas Wahres,
schürft an den kleinen und großen Unwirklichkeiten.
Salinenland hier und dir fehlt das Schlingen der Zungen
um deine Narben, zurück! Und dir bleibt nur der letzte
Rest Atem in deiner Tasche: die Spur *Fremdland*.

Hier ist, was gesagt wird, Gesetz und immer gewesen,
eingeübt das Gebet, das Gespräch, das Geräusch
des Bestecks auf den Tellern leise zu halten,
die Füße still unterm Tisch, die Stöcke im Rücken,
hier ist: aufrecht zu sitzen, es geht schon, es geht
bis etwas fällt, etwas bricht, einer schreit,
einer spricht, einer geht, einer bleibt.

Und dass du verlierst immer wieder dich selbst auf Heimwegen,
40g FEINSCHNITT in der Tasche: MADE IN E.U.
VIRGINIA BLEND, blend me!
Zig Versionen von Zukunft erliegen im Brach.
Flaschenhälse erdrosselt, Atemnot. Nikotin
Nebelgrau, graublau, halbblind bist du.
Schleifspuren auf Höhe der Leitplanken: Highwayhaut.
Das erste Schiff: deins, bis dahin Tram zum Amt
am immernächsten Morgen und weiter, weiter als wäre das alles.

Aus Tagtand gestückelt der Traum
und eine die aufwacht, ist ich.
Die Salzwasser ausstößt,
Pigmente von Farben und porentief dann
zu trocknen versucht, die sich wendet
in Laken und ausdehnt die Stoffe,
sich rein wächst und windet und festzurrt
in Fädennetzen, zwischen Fetzen unumsäumt,
die aufwacht, ist ich.
All das hält zusammen kein Zwirn.

Andre Rudolph

68 69 70 71 72 73 74 **75** 76 77 78 79 80 81 82 83 84 85 86 87 8

ln Löbau Neunkirchen Passau Saigon Soest Warendorf **Warschau** Winte

bieder sind wir, doch verschwommen schön

der wochenlange regen
hat das blau des himmels ausgewaschen,

»jetzt gleicht es deinen augen.«

immer noch februar,
wieder trifft man uns im stadtpark an,

wo wir auf den durchgeweichten bänken
für die magnolienblüte probesitzen;

eifersüchtig beobachtet
die todblasse, scheinheilige sonne

die einsetzende erwärmung
des *du* und des *ich;*

fehlen nur noch die obligatorischen
krähen. pilger des lichts

was für ein kühler märz. erinnerst du dich an das eis?

seit sechs zieht der schneepflug seine furchen durch den schlaf
er hat mühe mit dem vielen frischen schnee der träume

wenig später tritt mit sicherheit ein geräumter märztag auf

einer von uns beiden trägt ein kaltes aufgebügeltes blau
der andere streut salz in seine bereits stark geröteten

immer wieder überfrierenden augen

nach jahren der lohnarbeit
an der schmetterlingssäge

begannen wir endlich die nachteiligen
wirkungen des goldstaubs zu spüren,

seines elektrischen knisterns, in der fiebrigen
luft, die uns immer umgiebt.

die glanzlosigkeit unsrer taten
fiel auf die hellen spiegel unsrer augen,

ein schmerzhaftes, ständiges husten machte
kenntlich: unsre lungen versanden;

unsre zungen aber verlanden
(dies bewirkte übrigens jene seltne

dürftigkeit unsrer sprache, in den finsteren
jahren der lohnarbeit)

wie der fluß unterm sternen-
        himmel die schwellen abwärts

stürzt; jetzt versucht er mit
        schamlosigkeiten zu erzwingen, was

er durch sprache und intuition nicht
        mehr zustandebringt: schönheit. (sela!)

die aufgesprungnen lippen
        des märz; das feuchte braun

der noch geschlossnen knospen. –
        das berechnete licht dieses abends:

mit einer einzigen silbermünze
        will der mond unsre seelen freikaufen

(gott wirft sie oben in den
        schlitz: wir beginnen zu tanzen)

schneewittchen in flüssig-
        kristall, vor und nach dem fall; –

sie müssen noch
        das eis im kühlschrank aufessen

und ihre thermoskann' befülln,
        (für alles kennen sie ein letztes

mal); – nochmal zum waldrand,
        dort sind die jungs mit den

caps, mit den sandstrahlern (»oh die
        schwarzen spinnenaugen der beats«); –

s. aber mit spinnenangst! aber
        so schön, in flüssigkristall ge-

bettet. wir sehn sie atmen. *herzchen.*

        (reiche kontraste. auflösung optimal)

die töchter sind fenster
          in den häusern der mütter, durch

sie blicken sie hinaus; die
          söhne sind saiten, gestimmt wie

die väter. – jetzt sehn sie alle
          etwas angespannt aus.

an sich sind die stiefmütterchen
          häßlich, in den balkonkästen

draußen (selbst noch als allegorie); »hier
          müßte wiedermal einer umgraben.«

die blütenkelche zitieren engel
          und bienen. – samstags, wenn

die käfer putzen, duftet es
          im ganzen haus nach chitin

Ulrike Almut Sandig

brandenburg

alle wege hierher waren zügig und blau.
vor rehen wurde auf schildern gewarnt,
das grünen der bäume fiel in die augen,
jedes tier in den ästen hielt sich sichtbar
und still. in richtung der fliehenden kronen
warfen wir unsre köpfe zurück, in scharen
flogen knospen im licht, die stämme waren
mit gleißender farbe markiert, hinter den
kurven die kreuze. NATUR sei wurfziel
der jungen von hier, sag ich dir. vergiss
mein nicht, gibst du mir zurück. erinnerst
du dich an die kronen im anderen jahr, an
unseren laufschritt, das tosen der blätter,
die brandung am kieswerk, die bagger,

den see

es ist später, als du denkst, laurentia,
das taube gefühl kommt nicht von irgend
woher. erinnerst du dich an dieses (sage
jetzt) tier, das du vor einiger zeit noch
gewesen sein musst, und an das hiermit
niedergelegte gesetz, dass, wenn wir uns
jetzt nicht sehen, laurentia, montag dienstag
mittwoch, wenn es auf ein oder zwei herein
gebrochne, blinde passagiere auch nicht
mehr ankommt, unwiderruflich die letzten
frei lebenden wildtiere an deinem bett stehen
und sich mit ihren warmen atemzügen an
deine (sage nur heute) seele lehnen werden,
das fremde, gute märchen, vorzugsweise die
seele und morgens. ich habe dieses und alle
anderen wichtigen tagesabläufe vergessen.
aber jeden morgen denke ich an die ganze
verlorene zeit, laurentia, sonnabend, mein
ausgestorben schönes tier! (sage nie samstag,
eher noch okapi oder klavier) wann bist du,
laurentia, denn endlich, sage mir, wieder hier.

nie wissen, wie BARSCHE aussehen. barsche von lachsen nie
unterscheiden können. bloß probieren, was man sagt. bloß
wörter aufschnappen. frische luft schnappen. bei toten
fischen wegschauen. bloß laufen. immer herauf und
immer herunter. das blickabwenden von wellen
wie **von fischen**. im auge sind sie zu weiß.

an genau dieser stelle versickert das glück. zu retten
bleibt nur, was aufgeführt ist im inhaltsverzeichnis der see,
der halde versandeter wälder: **hühnergötter** zu finden bringt
glück!! hühner zu finden nicht, tote vögel zu finden nicht, löcher
zu finden schon, nicht neue GÖTTER zu suchen. lediglich hühner
götter zu finden, auch bernstein, blutproben alter bäume, nur
die einschlüsse guter, surrender träume niemals zu finden.
im schlick nie mehr kronen, echsen, nie ein stück wind.

hund sein: klein sein oder groß, aber kleiner
als alle, die's gut meinen mit einem, so als
rauhaar oder bloß komisch rasierter, dicker
oder feiner, meiner oder seiner, unser aller
eben: hund. aber famos aufgelegt sein, halb
sieben morgens, wenn alle gönner so schön
schlafen. dann leise sein, warten, dabei sein,
wenn hinter dem fenster flugverkehr einsetzt,
müllabfuhr krach macht, o kinderlein feixen,
und jemand nicht aufwacht, oder doch, sich
mindestens geregt hat, oder? sich umdreht,
geräusch macht und dann noch eins und dann
    – och, wieder eindöst, was nicht sein kann,
nicht darf, zum fiepen nervös macht, aber dann!

hund sein: schon wach sein, so erster sein,
froh und sehr brav sein, zusehn, schwanz
wedeln, direkt vor dem bett stehn, allerliebster
    – sein, fein raus sein, so als erster: sein hund.

„
hund sein: aber immer für einen da sein und immer
lieb sein und dem gut tun, der krault. nicht immer
hundsein lieben, lieber eisbär sein, kugelblitz, mond
über soho, staubsauger über rohfleisch, couch oder
mensch sein: bei tisch sein und reden beim fressen,
wer sein und gern essen, aber bis dahin auch gern
mal mit rausgehn, nur ungern am laufenden band,
wenn aber schon draußen, dann an allem mal dran
riechen, mülltonnen oder mariechens zerronnenem
eis oder eisernen gullys oder bepullerten lollis oder
im eigens dafür ausgehobenen erdloch im vorderhof,
alles irgendwie gerne riechen. gut sein, aber bloß
hund sein. die spät erleuchteten, beheizten abende
gern auf kissen zubringen, zeit umbringen und nicht

wissen: morgen soll alles vorbei sein. im halbschlaf
noch einmal an jene denken, die kraulen und sagen: o
mein guter, du kleiner, du luder, sargnagel: mein hund.

Christian Schloyer

68 69 70 71 72 73 74 75 **76** 77 78 79 80 81 82 83 84 85 86 87 8

emen Eisenach **Erlangen** Gdingen Gelsenkirchen Graz Großenhain Hamm

dresden wie grünspan

auf der autobahn – bei tag
    nicht zu sehn · ein vorgebirge mit deinen

vorzügen von denen
    man spricht · von einem

hochgebirge das stufe um stufe
pilger ausspuckt, rauschhaft

entschlossen bis vor mein
bett sie wispern

von deinen vorzügen wie du weißt
ein reiter

    ein blauer · fels mit
autobahnkirche & evas arche

      aus der fotografie · schleicht der kater
        ums haus · hab ich den nacken
            verlegt · auf einem grünen stück käse

// Bildanmerkung, Wassily Kandinsky »Improvisation 9«
Öl auf Leinwand, 1910

girlies on the rocks

die mit dem schluck
werk + den muschelfingern liegt
in ihrem ab-
bild, ein kontinent
von wange ein aufgewölbtes brauen
wehr ein zerdrücktes brusthum ungetönnert auf
getüm in walrockblau. merke, wer vorn liegt
liegt vorn. in beächtnis gerückt, das pfauentierte kaleidoskop
kleid (in falten gewürgt). es brüstelt stoffunter. geflüstert –
nipplnapplnipplnappl & noch mal
nipplnapplnipplnappl

die dahinter mit dem krönchen + dem flüstertütentönchen
törtchenlippchen, ihr bleibts zu tröten. zu tröten
unterm schattenraschelbaum

& die sonne schneidet tausend goldnen augen gleich
mal durch die blattverzweigten/-geigten beiden *hello? do you
speak english?*

// *Bildanmerkung, Picasso* »Mädchen am Seinufer (nach Courbet)«,
Öl auf Sperrholz, 1950

[143

picasso ist ein herrischer beifahrer & schweigt

jemand guckt aus dem haus mit kindlichen
augen aus dem zweitobersten
stock, gefrorene wachsamkeit wie bernsteine
sind da figuren + jemandes

nasenlöcher. jemand starrt hinter der
fensterbank *das ist die brust*
wehr man verschanzt sich sogar
am strand wenn man sich überrascht

in den rachen äugt beim küssen. du kannst
gleichzeitig zu einem bein gehören + zu
einem arm von denen du nur augen
blickweise weißt *du bist*

nicht immer bei dir. jemand hat sich blau
im glas verfangen ein bengalisches
tigerauge jemandes rücklicht
vor mir auf der autobahn während ich

dem schlaf von der schippe
spring dem schlaf

von der schippe

// Bildanmerkung, Picasso »Figuren am Meeresufer«,
Öl auf Leinwand, 1931

selbstreferentielles portrait

die tür bricht
auf die bildkulisse falscher

perspektive, der vater ist grandios gewachsen – *nein der*
lehrer mit den lehrerlocken der herzogliche

zolleintreiber furtverweser, das ahnenbild
hängt im tv die lampen

von der decke, schürhaken wie eben schür
haken an + von der decke haken & die tanten

tuscheln im portrait wie lautverstärker durch die
versprecher rauschen. das dicke kind ist über

zeichnet, von verwandtschaft
keine spur. auf dem bild ist einer *man sieht die hand*

des künstlers lehrers der nicht dazu gehört & wer
nach rechts zu weit sich beugt wird

fortgespült, lichteinfall aus nebenzimmern
der hund (die dackelabstraktion) glüht schon wie

eine neonröhre glüht. P malt auf diesem bild
dies bild von sich sich selber malend

als abbild eines andern bilds
von V die gleiche szene malend

// *Bildanmerkung, Picasso* »Las Meninas (nach Velázquez)«,
Öl auf Leinwand, 1957

sprechakt

melodie   im verletzungszustand bei
fall, die narben

einholen, kehlschlag am jenseits, zerfall – glas
kriege in urwassern (wellennetz konsonanten

verklärung) stricksuppe + fang, ein schmetterlings-
aggregat für kusstemperaturen –   *krieg*

im konsonantenfang ur-
narben, den strick

einholen, schmetterlinge in glas
aggregaten beischlag kussverklärung (als zerfallszustand) – fall

netz wellensuppe + kehlwasser, jenseits
melodie über verletzungstemperatur –   *zerfall*

am urzustand glas
konsonanten, das jenseits

einholen (mit dem schmetterlingsnetz – verklärung als suppen
beifang), der kuss, kriegsverletzung (narben

schlag fallstrick) & die kehlwelle, melodie
aggregat auf wassertemperatur –   *schmetterling*

an glasnarben wellen
schlag, den zerfall

einholen, melodie im konsonanten
netz (beifang am kehlstrick) – kussverletzung kriegs-

verklärung ursuppe + wasserfall, *ein aggregats-
zustand jenseits von temperatur*

imago

die jahreszeiten wechseln nun
    täglich · mit den liebschaften
        im kopf · steigt stetig der

druck, ich bin wie die plötzlich
hereinziehende winterlandschaft

unüberhörbares atemgeräusch
    wenn sich die stigmen schließen · zieht der tausendfüßler

weiter – ich werde
    beobachtet · von menschen
        anhäufungen · verschieben sich

durch den reisetrakt, halb +
    halb verdaut · will ich nichts als verpuppung

Cornelia Schmerle

68 69 70 71 72 **73** 74 75 76 77 78 79 80 81 82 83 84 85 86 87 8

nklam **Berlin** Bern Bremen Eisenach Erlangen Gdingen Gelsenkirchen Graz

Mundvolle

Eine Hündin murrt am Fuß.
Herrgott, wie ist sie eigen und auch der Welt zu fremd.
Ihr rotes Auge glüht, ein Kessel Wildes.

Wir teilen dieselbe haarige Decke, doch
durch ihre Träume geht kein Erinnern;
und ich, die Neidvolle, gehe aus mit ihrem Schlaf,
bin ein Maul und eine nasse Wimper.

Wie töte ich das Ding, das mich bewohnt,
das von mir nichts weiter will als die Verpelzung.
Im Mondlicht wollte ich sie erschlagen, doch sie lächelte,
lächelte so blank.

Ich habe in einem Nabel gesessen:
die Rohe lag in einer offenen Hand, ganz Narbe und weiß.
Himmel schlug den Mund durchs Glas und leckte rau
an ihr wie am Salzstein.

Worte zogen sie zurück; das Kehlband
schnalzte und rollte sie auf die Spule. Jetzt rede ich
und rede ich und erschöpfe meine Struppige.
Ich werd sie erschlagen.

Die Felder sind schon gelbe flache Gräber, Sonnen.
Sie scheren sich nicht um Treue und um Hinkedei-Lächeln.

Frühes Licht

Das frühe Licht des Querbeetliegens,
das milde, wundkühle,
setze ich euch an den Schlafrand.

Es hat die Sonnenfelderaugen,
euch aus der Milchhaut zu leuchten.

Es hat das Herz und die Ofenarme,
Schwere- und Dunkelzerstäuber.

Eure Ställe sind dünne Windräder,
die die große Weltenpuste
über euren Köpfen dreht und dreht.

In ihnen bin ich nicht Mutter.
Kehlruf der Intervalle. Sirenenfrucht.

Für Lea und Aaron

C.

Wir haben ein Leben.
Ein schrumpfiges, gedrücktes,
von der Größe einer Melone.
Haben etwas Grünes.

Dass ich nicht tanze,
obwohl ich doch tanzen sollte,
gepiekst und aufgeschreckt
vom niesenden Boden –

dass ich nicht tanze,
liegt am gewichtigen Leib;
der gebärt ein Kalb –
ein spätes Kalb.

Ich lieg in den Wehen,
komm kaum mehr dazu,
den kreisenden Bauch
mit Papier zu verhüllen.

Spinnen melken mich.
Ich bleib im Netz aus Gefahr.
Ihre multiple Liebe zu mir
klebt unter den Nägeln.

Bienenstich

Sie stürzen aus Sonnen,
dem Auge des Feuerkessels.
Gelbgestreifte Pelze,
die ich freigab,
aus meinem Haar schüttete,
denn sie baten darum,
versprachen
dich nicht zu verletzen.
Dich kosten, ja.

Sie sind nicht wie ich.
Ich vernähe Risse,
koche das Salz der Kinder ein,
datiere wachsende Füßchen,
und mein Arm ist ein Hafen.
Sie sind nicht wie ich.
Sie riechen nach Wind
und Raps –
nach schwerer Süße.

Lust, die sie spüren
in ihren Eingeweiden.
Lust, meine Gärten umzugraben,
nach meinen Gliedern zu suchen.
Dabei diese Ungeduld.
Rasch, rasch,
kugle die Schulter dir ein –
und hier, schon ein Bein:
setz es ein, irgendwie.

Kalt liegen

Das Gretchen spielen, noch kleiner,
noch nackter am Strumpf zerren; das Haar
schnüren, die Brust damit schnüren,
schnüren und den großen, großen Atem
winzig in den engen Zeh schlucken.
Über dem Gipfel talweiter Schulter
steigen lidauswärts Ballons.

Und immer im Kopf – und immer den
Kopf wenden, doch die Engel
haben Freigang, liegen in Armen, in Betten,
pokern. Und in den Karten – unterm Tisch – im Schoß
ihre Stricke, Rasierklingen, die Augen: Schlaf.
Und auf deinem Lächeln: die Rechte
und das linke Bein einer Hose.

Bis zum Hals hin im Schnee, wie Frieden,
so vergraben zu sein im Schnee.
Eine wirkliche, anständige Hand, diese kalte.
Ein wirklicher, trotziger Verband, den abzunehmen,
du verteidigst mit Fleisch und Schenkel – mit
Mund und Zunge; mit dem Kuss
eines ständigen Bumerangs.

synthese

lichtmantel
ziehen sich über meine glieder,
und ich werde golden,
schwer und müde.
die offenen fenster
stürzen mit ihren spannadeln
auf irdisch dagelassenes.
mein mund
faltet
den blütenkelch
und schluckt stirnrunzeln;
liebeslaken
sättigen mich nicht –
den spiegeln
traue ich nur eines
ihrer millionen lächeln zu.
krankheit
habe ich geatmet,
all ihre haarigen partikel,
in denen sich
blutbeeren verfingen.
staub deckte mich,
und der honig an meinen fingern
war nicht der
meiner ausschwärmenden bienen.
sie riefen mich.
nächtelang
tränkte ihr echo mein lid
mit der süßen habseligkeit
meiner jahre.
verloren,

verloren.
und ich schwor
dem knebel nicht ab,
denn er hielt form
und die losen gelenke
beisammen
und passte sie ein
in vorzeigegewebe.
doch fliegen,
fliegen
sollen die knochen nun.
umherwirbeln,
wie grabkeulen
und mich austreiben
aus ihrem mark.

Stefan Schmitzer

zauberkreise: strukturelle feigheit

***

I   (telekom 1: zauberkreis)

dann hölzern
gegen die fresse von
außen und innen und

so viel licht gegen die stille,
paradiesstädte eine
wie die andere, und gleißend

über den hängen, im nichts,
ziehen unsere stimmen kreise
von liebe und telefonie und

sich das vorstellen, das mal
in den schädel hämmern, wie
ich hier und dort

du und zweihundert km land zwischen uns
ruhig und sanft und fremd und nicht mehr so
als würde es auf uns warten

mit der entscheidung, ob nun
krieg oder frieden zwischen uns
und ihm, dem land, besteht.

***

II   (telekom 2: suchbegriffe)

lagergespräch um die lieb
gewonnenen haare ums kinder
gesicht der hermetik

sprich zu mir kind
der falschen zeit wenn es
um die dämmerung geht

und rund um sie rum dunkel
blau die erinnerung
an die *riots* also salzburg

und prag oder berlin
love parade natürlich scheiße *riot*
grrrl und noch zwanzig andere

körper der revolte körper
rund um die dämmerung ge
legt und mit schützenden gesten

ich liebe dich körper
der revolte *bondage*
tits und noch andere such

begriffe dunkel die welt
um die bildschirme rum die
abende atmen ich lade

mir ginsberg und pound hoch und
crowley auf *vinden.nl* und die
revolte ist anders

als eure hermetischen körper
in *bondage* er
innern

***

III   (feigheit 1: story mit selbstaufhebung)

selbstaufhebung also über nem zeitungstext / ich / dann
nicht mehr ich / dann wieder ich / mit schock und rauschen
die rückkehr in den raum meiner geweiteten arme

wofür heh kleiner brauchst du da noch drogen / mir selbst
ich selbst / verschwunden hinter ner story und nem bild
und ner zweiten story / und der regen und das
zeitempfinden peitschen tiefer

und raus / und walter grond sagt avantgarden machen nur
im kontext des salons einen sinn und folgert was und / was
eigentlich und / raus auf den platz und / ideologiekritik rollt
an / im angesicht einer armut das / reicht schon

also frägst du was heißt / armut die sind doch / glücklich über
/ glücklich ham was zu saufen und nen himmel / über sich
und / die erinnerung dass es mal galgen gab und /
fröhlichkeit und ja / frägst du

warum du nicht mit solchen kategorien daherkommen
kannst / was das macht dass du nicht auf der westseite der
mur lebst nicht / in nem haus mit mehr als 10 stockwerken /
nicht diese luft atmest du / sagst du könntst es dir

vorstellen kennst ja / die filme und die gespräche und / was
wahr ist / du kommst mit dem armen schwein da nebenan /
und seiner freundin mit dem blauen auge / besser als ich ins
gespräch und

es ist auch wahr / ich habe dir abgeraten einzuschreiten als
sie ne maximal sechzehnjährige mit / riesenteddy von nem
puff / in n auto verladen haben und / das war nicht richtig
das war feige scheiße / also von mir aber

dass ich dann schuld sein soll daß du dann nix gesagt hast
und / dass es unwahr wäre / was ich als begründung
nachgeschoben habe als der himmel fast verschwunden war
unter nem vordach / beton zwischen kirschblüten

kannst du nicht behaupten dass es unwahr wäre / wenn ich sag
der da / ist nicht geholfen du holst dir bloß / n blaues auge
geholfen / ist denen allen bloß wenn wir viele sind / und das
puff stürmen und / n platz haben wo die mädels hinkönnen

es bleibt feig und wahr zugleich / und es wäre richtig
gewesen ne sinn / lose blutige fresse zu kassieren und / aber
darum geht es ja nicht es geht um / selbstaufhebung

über ner story nem bild ner zweiten / story und / dass das auf
dauer nicht gut ist daß da die stories herhalten müssen und /
um den regen geht es / wenn einer wieder zu sich kommt /
sich selbst er selbst als / story

***

IV   (feigheit 2: story mit parkplatz)

gratuliere ich ihr zu der vorstrafe,
einem bullen in die hand gebissen,
fünf uhr morgens,
einige bier,
studentenviertel nebenan die idioten am pöbeln,
festnahme wegen sachbeschädigung
also sprühaktion,

gratuliere ich ihr zu der vorstrafe,
sitzbank hinter dem krankenhaus,
der wald hier ausgehöhlt weil sie einen parkplatz bauen,

selbst der rohe kahlschlag noch von größerem interesse
als die gebäudescheiße rundherum,
höre mir selbst zu,

sage ich »aber so
ist politische arbeit bloß
selbstzerstörung mit bisschen komfort«,
höre mich schnauben wie sie nickt,
weiter »was es bräuchte,
dass wir mehr zustandebringen
als unsere borderline-gesichter
mit bisschen bleiguss-schminke
eindrucksvoll zu machen,

das wäre eine organisation, verstehst du
mädchen, eine strategie, eine
analyse, ein konkretes ziel, das
vermittelbar ist ohne stundenlange gebets
übungen« »und hoffnungsfähigkeit«
sagt sie »braucht es auch«, und das erstaunt mich,

am rand des kahlschlags,
hatte gedacht, hier zumindest,
dass es gerade diese sache wäre,
und keine andere, in der sie mir
voraus ist,

macht nichts, ich
hab keine vorstrafen, ich
hab keine hoffnungen, ich
hab strategie und liebe, ich
bin einfach nur so, sagen wir
»hoffnungslos«, feige.

***

V   (prog rock: arschlöcher träumen)

weniges ist eindeutig:
man lebt, man isst,
man giert nach körpern.

bezahlt zu werden
für kennerschaft in sachen prog rock
bleibt unwahrscheinlich.

es ist nicht ausgeschlossen,
dass die arschlöcher recht haben,
die dir die bedingungen nennen,

denen die märkte
und die träume
und die märkte für die träume

unterliegen, bevor sie – langsam –
in ihre schlafkammern gehen,
zu träumen von märkten,

für die anderes gilt als das,
was sie dir sagen,
bis sie,

erwachend,
fast menschliche züge tragen,
einen langsamen wimpernschlag lang;

du hingegen bleibst wach,
lebst, isst,
gierst nach körpern,

geld
für kennerschaft in sachen prog-rock
steht aus.

it has always been
the prerogative of children and half-wits
to point out that the emperor has no clothes.

although the emperor remains
an emperor, and the half-wit
*remains a half-wit.**

* Neil Gaiman: »The Sandman«

***

VI   (new wave of british heavy metal: …)

erschöpfung nach acht stunden arbeit erst mal
als symptom einer krankheit zu deuten

rauchen bis das herz rast mit
gier danach in brustwarzen

zu beißen von tief
aus den träumen der letzten nacht …

… sodass die new wave of british heavy metal hier gerade
mal meditativ wirkt, mit zusätzlich zirpenden vögeln von
jenseits der fenster, und der peristaltik der dinge, die dich
umgeben, und der peristaltik der dinge, die dir innewohnen,
und dann …

… aufrichten, sommer, sommer, fenster auf, rollladen
runter, t-shirt und hose, raus und atmen, die peristaltik
der straßen und gehwege, und dann erinnern, dass die
mucke weiterwummert, dann, und dann zur arbeit …

***

VII   (fusion jazz: spätnachmittagslicht)

& wenn mir einer komisch kommt,
dann rufe ich die bullen.
wenn nicht, ist gut.

miles, »live at the filmore east«,
zeit von gelbem licht, auf
gerissenen fenstern, einem zittern,

das durch die häuser läuft,
durch fundamente, nicht mehr
bekannt, wie tief hinunter die gehen,

schätzungen aus gelblichen mündern, würdevoll,
festgekrallt in einer nischen-
stille, kannst du

hören, festgekrallt,
sonne im gesicht, kannst du
hören, was einer schätzt, und wie sich

finger in die rahmen bohren, fest
gekrallt, ein zittern
unten und ein zittern

das von oben über uns hereinbricht,
mit gelbem licht,
wenn sie schätzungen abgeben,

gelb
mit der zeit
von auf

gerissenen fenstern.
dann rufe ich
die bullen.

***   [165

Katharina Schultens

68 69 70 71 72 73 74 75 76 77 78 79 **80** 81 82 83 84 85 86 87 88

ingen Gelsenkirchen Graz Großenhain Hamm Jena **Kirchen** Köln Löbau N

die zahl der optionen

es gibt immer die wahl zwischen beschämend
& lau. bspw: ein schwarm schwarzpulver
-fliegen, abphotographiert als sammlung

in der luft, oh moment nebel, bäume, brrr
laternen, alles zieml. unpassend, aber unser
glockenkommando: vermutlich zum stieben

konzertiert in die windrichtungen die der raum
– krks, dimensionennr. von heute – – – jedenfalls
funkenflattern & so ein feuchtes beeindrucktes

herz, klammer tag, nachbarreihen die sich
brillant verschieben – meine front, hast
du gehört es ist – – – – – – – – – – – – – (s.o.)

& nochmal zu vögeln

singvögeltum ich schreib jetzt nicht: grassiert.
ich spiele nicht mit jungs. die haben andre regeln
wie beim skat: sind mindestens zu dritt. mein ich
läuft, oh, besessen straßen – immer jemand an der hand
im zweifelsfall den geist. aus der verbotnen perspektive
ist das auch weiterhin ein netz. streben – nach innen
(ich denkt: der sternenplatz paris ... zentralkonzept)

aus licht bevor wir ran durften das werk erstellt
& klebrig dann die queren kreuze die wir reinschneiden
wenns ins horizontale geht. scheu vor dem rand. schon wieder
hab ich das nur geträumt. von flucht vom sandkasten von einer frau
die 144 war & zu uns sagte: sie habe nie mit jungs gespielt. im garten.
zu uns: ihr die ihr stühle braucht – setzt euch. ganz einladend & aufrecht
ganz ohne ironie.

wann wird gestochen? sind wir wenn wir draufschaun bienen oder doch
nur weiße anglosachsen – die zwar nicht protestieren aber kalauern?
muß ich katholisch bleiben um zu schreiben & bei jedem streit mit liebe
das salz einplanen & wenn ich dann steche bin ich tot & hab gewonnen?
kann ich auch straßen wie durch türen gehen – hält mich wer heimlich
an seiner großen hand & lächelt fein? an welcher kreuzung werden wir
uns noch am end verheddern – komm ich durchs licht ganz unbeschadet – quer?

& wie sieht das – das mein ich gar nicht theatralisch – schon von da oben aus?

[169]

besuch bei gesunden begriffen

ich bin im besitz eines netzwerks aus neurologen
– rein hypothetisch. das handelt von translation:
simpel, eigentlich, man sucht etwas ganz durch
ein uhrenglas hindurch, vergrößert wahllos
baut eine mechanik zusammen mit körper-
fremdem material, legt einen kreis an
füllt ihn sorgfältig aus & sagt das sei
zellerkenntnis.

  das trägt man vorsichtig
in einer durchsichtigen röhre ans bett
des geliebten. hinter sich an seidenfäden
dirigiert man die neurologen & ihr nicken
ihr gemurmel erzwingt man durch kippen
des röhrchens. sie wissen ja um die gefahr
des wörterkreises, ein einziger riß in der fläche
nein: ihrer begrenzung –

   & rotes zucken setzt ein
majestätisch schreitet entzündung in den raum
schleift am mantelsaum den staub der welt – hier
liegt nicht der könig darnieder... nein der geliebte ist
nur ein ritter, den er in verkleidung besucht transvestiv
sozusagen & unheimlich vor augen der neurologen –
während ich sie still an den fäden halte & wünsche
ich hätte nie was gesagt, in dieser infektiösen sprache.

poolbildung

es war nicht ganz auszumachen, an der standardböschung
da meine kulissenbildung ja nie besonders originell, wie
auch immer, mit den füßen im wasser wurde deutlich:
ein kieselboden, gluckernd rutschte der eine um den
anderen nach unten, es begann ein hektisches str-
trampeln ohne geräusch – – balance wie bilanz-
ierung, ich hatte genug von analogien, stieg
triefend zurück, die schwere des tritts auf
der ersten stufe, alles heillos banal – ich
ich wollte aber zärtlich bleiben, warf
daher ein handtuch mit bedacht auf
windrichtung in den sand, konnte
die mündung sehen, was an strudeln
strömung dahinter lag, es begann meer
eine prüfung, ein zeugnis, formulierungs-
techniken, der sand bildete begehren ab – –
bestenfalls – – – ansonsten einen unterzucker
das abreiben nahm einiges mit, es ging nichts
als ein bedürfnis verloren & wie immer, meistens
in solchen, heiklen situationen gab es fahrradfahrer
in konversation den abhang herunter, die sich überhaupt
nicht scherten, eine furt vermuteten, wo keine, nurwiramrand

unter der voraussetzung, man entfernte den schutz

gäbe es zwei möglichkeiten für den regen
am endes jedes fadens eine stecknadel
pinnte er mich eng an die matratze
steckte dann aber selber schon fest
der himmel wäre sozusagen indirekt
an mein bett gebunden jede drehung
die sternenschale unternehmen wollte
müßte sie zunächst bei mir beantragen
das wären langwierige verfahren da je-
de einzelfeder durchlaufen werden muß
bevor ich mich innerhalb eines gefüges
aus metall draht federn schaumstoff, holz
oder kunst entscheide an der welt zu drehen

dächte man den regen hingegen etwas stärker
in strängen vielleicht tragfähig als struktur
wären es angelhaken an jedem ende
nur ganz vorsichtig stäken sie durch
baumwolle & epidermis, höben zunächst
die äußere schale in richtung sterne (jaja
schon gut: war nicht zu umgehen darling
transzendenz) & in dieser dehnung ähnlich
der von trauer, wenn eine akkordkombination
sie auseinanderstieben läßt wie einen schwarm –
wäre die welt ohnehin enthalten jede drehung
längst geschehen das regenstranggewirr wäre
mein skalp, die schale eine kopfhaut & der körper –

endlich einmal konstruktiv am denkprozeß beteiligt

ich bewege meine dame

ich weiß, wie es ausgeht. was stattfindet
schnürt er mir um den hals, es ist kühl
in wundervoll runden ereignissen org-
anisiert, mit einer schlingbewegung
ist es nicht erträglich, aber bequem
& trifft sich, wo die geste ansetzt.
in hohem bogen die ironie. daß
eine solche haltung sich immer
in kurven, nie in einer kante ab-
zeichnet. es herrscht verwirrung
wenn das ereignis über die form
hinausragt: schatten. die schatten-
form meines mundes, das tauchen
was ich alles tun kann ohne jemals
automatisiert oder ordinär – nimmt
man es auf. -motion.   verkürzung
wäre pro einzelereignis eine option.
es müßte schon splittern. es müßte
zumindest flache kleine ritzer geben
ich will ja nicht so weit gehen -&- von
narben oder tuschezeichnung sprechen.
dennoch ist es präzis. es ist eine andere
art der präsizion. sie duftet, es ist als ob
eine föhnwelle hinter ihr läge, inkl. spray.

mein profimädchen im zug

ein durchschnittsabteil, das ganze. der rush
weich, das ruckeln darunter vorerst gutartig
ausgeblendet. in der mitte ein kindergroßes
schlüsselloch, durch das geschehen hätte
einsickern sollen. da aber die tatsachen
handlungen & betten stehen blieben
während wir in diesem sog –
                                               es war

so etwas wie: mein wunsch sitzt
in der zimmermitte, die beine
baumeln weiß & ungefähr, der
therapeut daneben misst eine ak-
tivität & bevor ich ins blickfeld ge-
rate & ein bedauern vielleicht
in der messung aufkäme als
aussetzer, – doppelklopfen –

ist schon eine weiche passiert
ein ballon hinter der scheibe auf-
gestiegen, der spaßmacher im
flur läßt deckenlampen platzen
& was sich für einen moment
sogar gespiegelt einprägt ist
dieser flitter, ein gerades
lächeln, – – es war ja da

Michael Stauffer

Der Gehilfe geht (I-XIV)

I
Ich bin ein netter Mensch, ein bescheidener.
Ich trage schwarze Ärmel.

Unberechenbar und unzuverlässig war ich nie.
Ich halte Monologe zum Fenster hinaus.
Ich werde abmagern trotz Appetit.
Ich werde weg ziehen.

Die Tasse heben.
Mit spitzen Fingern den Löffel nehmen.

Geht das nicht, dass ich einfach dahin ziehe,
wo ich herkomme und dort bleibe?

II
Die Tage vergehen schnell.
Die Tasse absetzen, beide Hände an die Wangen legen.
Nach dem Essen kommen die Nachbarskinder
und verspotten mich.

Ich sollte endlich etwas anfangen.
Etwas beginnen.
Den Kopf bewegen.

Mit dem Fuss wippen.
Die Tasse nehmen und trinken.

III
Es ist nicht so, dass zu Hause alles besser ist.
Ich binde einen Lederriemen um den Koffer und
kremple die Ärmel hoch.
Ich öffne die Türe.

Ich werde eine Sardelle essen.
Mit einem scharfen Messer.

Zum Wohl, auf mich.
Und auf das Glück.

IV
Beeindruckend, wie die Stimmung sich zunehmend verschärft.

V
Man kann überall Kirschen kaufen.
Mein Bauch ist rund.

Man muss immer freundlich sein.
Eine halbe Stunde denke ich über Macht nach.
Ich weiss nichts.

VI
Ich fahre mit meinem Fahrrad gegen einen Briefkasten.
In meinem Kopfhörer dröhnt ACDC:
»Safe in New York City.«
Ich werde von Kindern gefunden.
Sie blenden mich mit einer Stablampe und fragen,
ob es mir gut gehe.
Ich stehe auf, falle wieder hin,
werde in ein Zimmer getragen.
Dort sitzt Polly.

Sie sitzt in einem Sofa und schaut eine Reportage
über kanadische Wildbiber.
Ich denke, so ist das Paradies.

VII
Wenn man überall leben könnte, dann wäre alles egal.

VIII
Die Hände übereinander legen und das Kinn aufstützen.
Die Fenstergriffe fehlen.
Der Stuhl, der Tisch, das Büchergestell und die Steckdose.

Mein Arm greift in die Leere.

Die Hände zu einer Kugel formen.
Meine Hand rutscht über das beschlagene Bierglas.

Im Haus gegenüber spielen Kinder ein Videospiel.
Sie zappeln, blaugrünes Licht flackert.

Ganz oben unter dem Dach steht mein Bett.
An sich muss man mit Bettdecken vorsichtig umgehen.

Ich besinge die Vollkommenheit, es beruhigt mich.

IX
Ich brauche keinen Bruder, keine Familie,
wo jeder in den Schoss des anderen zurückkehrt.

X
Ich lege den Mantel ab. Ich ziehe den Mantel an.
Ich verliere den Mantel.
Ich vertausche meinen Mantel mit einem fremden Mantel.

XI
Um mich herum quaken Frösche.
Ich weiss nicht, was sie sagen.
Wasserflöhe hüpfen über den Teich,
erzeugen kleine Kreise.
Dann ist es wieder still.

XII
Vielleicht sollte ich weg gehen, eine Schönheit kennenlernen.
Andererseits ist dieses Sandwich mit den getrockneten
Tomaten auch sehr attraktiv.

XIII
Ich fahre mit der Fernbedienung sanft über meine Schläfen.
Aus dem Leben etwas machen.

Ich denke über meine Wünsche nach.
Nähere Erklärung zur Zeit keine.

XIV

Ich lege die Hände auf den Tisch.
Ich spreize die Finger und ramme den Brieföffner zwischen
den Fingern in die Tischplatte.
Ich bleibe hier.

Thien Tran

Cafe l'amoureuse

sie tun so wie zwei Diplomaten
    seine rechte Hand, noch etwas nervös
der Rest hingegen außerordentlich
feminin. bleiben wir dabei: ihre Wörter stehen Kopf
    und was der Eine nicht hat
hat ein Anderer. ein Vexierspiel ohne Ende
sie könnten von Schmetterlingen sprechen
    die sich paaren, oder von bestimmten Fähigkeiten
des Monats April. sie bleiben dabei
während er den Motor zündet, schaut sie sicher
    in den Spiegel. jemand riß die Seite aus
vielleicht Blattgrün, vielleicht
Buntgemischtes.

Finale Grande

für Wald

unter dem Kasernendach
zwei Soldaten, die um den Frieden pokern
wir fahren eine Augenraum-
ausrichtung vor: ein trichterförmiges Fernglas
das von der Erde bis zum Jupiter ging
und dazu, diese High Tech-
automatisierte Objektivapparatur
zur Sicherheit. mit Sauerstoffflaschen steigen wir
in die Tiefe, und wir lutschen Goldbonbons
die wir in Schachteln sammeln
jedoch war das hinter den Kulissen. ein Raunen
ging durchs Publikum, als wir auf die Bühne
brachen, und später
in der Presse: dieses Familienporträt
von uns, der *Royal Society*
of Madness.

Mission Drachentod

    eine Spur führte mich
ins Haus Nummer 11. auf der Klingel standen
    drei Namen, wovon mir einer
bekannt war. auch B. gehörte der Gemeinschaft an
die sich die maskierten Humanisten nannten
    eine Sekte, die vorwiegend im Fernsehen
ihr Unwesen trieb. ich klingelte ein wütendes Crescendo
einmal...zweimal...dreimal
    beim vierten Mal explodierte der Briefkasten
im Hauseingang, seit Unzeiten
unangetastet.

Hommage an Claire

Für Pham Thi Huan

ein Raufbold namens Eros
    stieß dich vom Thron. die Paradies-
gartenaquarellisten vertrieb er
mit einem Rohrstock. und dennoch
    du hältst einen Sternenhimmel zusammen
den ich als dein Königreich erkenne
kennst du das Land, wo die Drachen
weinen? ich war dort. es wuchsen Bambus-
    stauden und Fruchtgiganten
auf den Reisfeldern bauen sie Molfarben an
und ich? ich halte einen Melonenstand
    von dem ich meinen Unterhalt
bestreite…und ich kreise. ich kreise einsam
wie jeder andere auch
    durch das dunkle Universum
meiner Selbst.

Blind Date

ich stellte mich vor
    mit einem Zitat von Albert Einstein
(Energie = Masse mal Licht-
geschwindigkeit
hoch zwei) so kamen wir uns näher
    mein Strukturbegriff begeisterte sie
aus meinem Brustkorb holte sie Unmengen
an Quittungen hervor
die ausreichten. auch mein Pathos reichte aus
    bis sie auf mein *Ich* zu sprechen kam
was dann geschah
verstanden wir beide nicht. jedenfalls nahm ich
eine Wendung ins Lakonische
    und hielt diesen Indianerschwur
der sie überraschte.

Langsame Revolte

aus den Dampfküchen
    hört man die Köche stöhnen
in den Obstplantagen
gärt Bier. ich lese 68'er Literatur
    und flaniere. (im Vorwort
stand etwas
von einer Südspanischen
Gewitterfront.) aber davon später
    ich spanne eine Bluebox
zwischen Lust und Unlust, und gehe
hermetisch vor. *hinter mir*
    blieben die Wolken liegen
ich fand mich in einem Luftloch wieder
ein grauer Betonblock
    auf dem Hinterhofgelände
meiner Phantasie.

Revolution Chicks

auf allen Fernsehkanälen
    die Sondermeldung: zehn Tote
und vierundzwanzig Verletzte
man sprach von den größten Unruhen
seit Thomas Jefferson. dann war der Empfang
    weg. ich spähte durch die Gardinen
und war fassungslos
ein Haufen pubertierender Demonstranten
die LL Cool J-Plakate hochhielten
und voran: eine wildkreischende Mädchentruppe
    die das Präsidentschaftsgebäude
stürmten. ich ließ das Handtuch fallen
und wählte die Nummer der Breschinskis
    im Morgengrauen brach ich auf
mit nichts als einem Koffer
in Händen.

Christoph Wenzel

68 69 70 71 72 73 74 75 76 77 78 **79** 80 81 82 83 84 85 86 87 ε

·langen Gdingen Gelsenkirchen Graz Großenhain **Hamm** Jena Kirchen Köl

AM DÜNENAUFGANG eine tafel:
amt für seeschifffahrt und hydro-

graphie: du denkst dir
eine wasserschrift eine fließende

bewegung unter den händen
verschwimmen dir die zeichnungen:

tilden und wellen die über-
lagerung von bewegten bildern neuen

sehgewohnheiten in den augen
etwas salz und wasser und

mit den füßen setzt du punkt
um punkt zwischen die säume

auf endlospapier die aufzeichnung
von gischt und spritzwasser

und zurück zu hause
hinterläßt du wieder tropfen:

kleine hydrogramme
auf dem fliesenboden

im MÜNZFERNROHR: vom *utkiek* die landschaft
gegen bezahlung – der luftdruck in bar
gemessen am ort eine leicht neblige
teleologie richtung kimm – an dieser stelle ist das meer
ein klischee das dich immer noch anrührt:

ein ostfriesischer komplex und konkav
die schale *hell die himmel weich* über dem eichstrich
deich – deine suche nach einem nord-
wort schlechthin unter hochdruck-
gebieten die die sprache hier unterbricht:

platdüütsk flachland ein karges geräusch
aus dem off: ringt ein klingelton
mit den wellen um schall & rauschen das reißt
dir die fernsicht für einen augenblick
aus der pupille drehen sich die zeiger

um die sonne hinter deine bilder
von brandung und brennweiten schiebt sich
die schwarze blende das lid nach ablauf der phase
wieder vor die landschaft und wechselt
das kleingeld zwischen den fingern schnell

in den münzschlitz noch kurz bevor ein blaues
ein meer verschwindet aus den augen aus: dem sinn

eine REVAL OHNE diese filterlosen
die du für vater am kiosk kaufen sollst

am tresen tauscht du den gelernten spruch:
eine reval ohne gegen eine schachtel

zigaretten die dir eine hand nach unten reicht
und das wechselgeld – die wegpauschale

reicht nicht mehr aus für dieses heft das
du schon so lange im schaufenster studierst

diesen superman der im kopf mit dir nach
hause fliegt und vater noch um etwas klein

-geld bittet mit dem du wieder rennst und hoffst
daß es nun reicht und es reicht nicht so oft

du läufst mit immer etwas mehr geld in der faust
die du nach vorne streckst im flug und fliegst

bis es schließlich doch reicht und du heimkehrst dort
wo vater schon die halbe schachtel in die luft

geblasen hat und du endlich bei ihm landest
das heft in deiner hand

EIN SPION: durch den sucher findest du
den ausschnitt der dir gerade paßt:

ein dekolleté auf dem display brenn-
und bildpunkte: ein brustbein in mosaiken

die pixel sich sammeln unscharf
im gegenlicht eine theorie der übersetzung

von blick und busen in formationen und farb-
tiefen leicht gebräunter haut die sich abhebt

von blassen flächen einer körnung: hochauf-
gelöster feinsand ein ausdruck ein anblick

auf fotopapier darauf verschwimmen leichte
stoffe und schnitte – die sonne: das tränende auge

des spions: ein voyeur der sich satt-
sieht am ausschnitt: *du sollst dir*

kein bild –

eine NEUE HEIMAT aus dem kleinen
reihenhaus fällst du in die zechen-
siedlung die kulissen: eine reihe schiefer
zähne wir trugen die bergschäden an den fassaden

sind die risse verspachtelte adern oder klaffen
kleiner tagesbrüche mal rutschen geschirr
und gläser von den schränken die kinder sacken
aus dem schlaf

hinterm bahndamm ragen die gesprengten
gestalten – schlote kühltürme – auf geneigten
photos in die gruben: fürs gedächtnis

unweit das ausgestellte förderrad
diese treibscheibe jetzt mehr klettergerüst
für uns kinder als industrie-

denkmal

kreidephysik

mit novalis

nun schneit es wieder gips (das ist kalziumsulfat) von der tafel
gesetz + natur sogenanntes – *das ganze verkehrte wesen*
ein bloßes experimentieren im staub diese trockenen

teilchen + formeln über die du dich hinwegsetzt
im gespräch über *weltgeschichten* mit den bank-
nachbarn steckst du die köpfe zusammen: *märchen und*

gedichte ein leises muster kleiner stimmen überlagert
von vorne der vortrag unterbricht das kreischen
der kreide die rechnet vom vortag noch müde

fehlen dir jetzt verstand und verständnis
für eine doppelte natur von welle + teilchen
sich abwechselnde *licht- und schatten-*

streifen durch die lamellen vorm klassenfenster
fällt dein blick aus den gläsern die blenden
geöffnet ins schulbuch: die *zahlen und figuren*

blind im papier verraten sich
physik + kreide dir im gespräch
in *einem geheimen wort*

REIZ-REAKTION ein schema für den ablauf
regelmäßiger telefonate: die rufnummern-
übermittlung im display ein zahlenspiel das
diese dunkle stimme kodiert

was folgt sind algorithmen und stummschaltung
im sprachzentrum der rückfall in die muster
von protokoll und präzedenz – eine diplomatie
in pirouetten

ferngespräche: über gesundheit geld und *die geschäfte*
laufen gut ausgerechnet ist diese verbindung
in möbiusschleifen gelegte stimmbänder mit
dem zirkel gezogene kreise

die aus der hörmuschel rotieren und
den stammbaum schweigend verdrahten: glas-
faserkabel halten auf abstand verwandtschaft
nabel und schnur

im zeitschlitz schnittmengen beiderseits
gedanken an die gesprächsgebühr: ein teurer
spaß gezählte sätze von vater und sohn: von reiz
und reaktion

Judith Zander

68 69 70 71 72 73 74 75 76 77 78 79 **80** 81 82 83 84 85 86 87 8

Anklam Berlin Bern Bremen Eisenach Erlangen Gdingen Gelsenkirchen Gra

aus einem grund

i. m. Sylvia Plath

manches im herbsthimmelsgarten
gewirkt meines herzens
apfelhälften die eine
rot die andre genießbar
die leviten von *lady lazarus*
aufgelesen die dahlienschwester
abgekniet den obersten sphären
der hölle wo herrschen vergessen
und nachtfrost sowie im blauen
mantel den abdruck des mondes vermerkt
wie was das hauptsächlich
zum angucken
da ist wie alles

ein apfel fuhr madenbeladen
herab und geräuschlos wie
der heilige geist
johnny panic

dornburger zauber

die hängenden gärten wir gingen auf
terrassen in nebulöse ideen
der saale ein alles sahen wir
mit ihrem blick in high key

abzüge alter rosen und schwund
stufig unser palais sogar halb
durchscheinend den geheimen
rat unter seinem ginkgo wir kauften
ihm einen setzling ab er schrieb
dir eine mannespflicht gut

zunge und zahn die saale
schliff uns je näher je schmaler ich konnte
gerade noch wollen dass niemand
sie aufweckt der wind nicht sie würde
alles vergessen die quitten und uns und
es bliebe für später
nur der bestürzende anblick von
mohn im oktober
wie etwas das nicht bedacht
werden darf eine kapsel
die zeit ein platzen und
saat saat

über uns fuhren wolken
regungslos auf daneben
taute die sonne man konnte
reden von gegenzauber

letzte züge

am ende des gewitters hatten wir
ich und ein anderer war schon
derselbe ausgezittert um den verbleib
der sommers er rann
uns durch die finger wie regen zuerst
kam der herbst dahinter
der winter

und derselbe war schon
ein anderer fasste sich eine hand mich
am herzen wir schwebten
wie nebel über dem see die größten
tiere an diesem tag die nacktesten
nahmen wir die fährte
des herbstes mit gänsehaut auf

neuigkeiten

für Marina

höchste zeit für die eisblumen wenn
der sonnabend sticht der sommer
stiefmütterchen richtet

auf gottes acker erntet meine mutter
unkraut und buntgeschürzte
reden sie stehen bequem
auf drei beinen am mittleren
fuß platzt den zahlreichen eisernen
zehen der lack ab sie stellen
sich hin und heraus als auf erden
die besten freundinnen ihrer
mutter unter der erde
viel zu gut um einmal ein wörtchen
übers sterben zu sagen zuviel

des guten ich habe die gießkannen
für ihre mutter meiner mutter
zum ersten mal abgenommen benommen
sitze ich auf dem grabstein mit langen armen
und stelle mir vor wie der tod
um die kirche kommt mit einer harke
dass danach alles ganz anders wird
hat man mir schon verraten

wir hören noch wie ihre dürren
holzbeine über den sand schleifen und
ein paar windige worte wie tja din mudder

verzogen

und das dir wie mir vertraute
weib ist *leuchtend weiß*
und schön im angesicht
der ackerfurche heilloser grasnarbe
und übern kopf die sirrenden
schwäne baby *fünf*

aber sie sieht doch aus
wie eine die als erste
lesen & schreiben
konnte in der familie
deren frühere weiber noch
einsteckten was sie
kriegten die mecker ab
in die schürzentasche zu
den unterm teppich erblickten
haarnadeln von der gutsherrin
tückisch versteckten
hårnådeln? gnä'ge fru ick

wie eine die
nach den russen hin ist
vermissen lässt alle erbliche
schiss vor denen die
anlangten später anpacken
am genossenschaftlichen stall und mir nichts
dir nichts angehen mädchen um
ein schluck wasser keinen muckefuck

noch *wand* hier jede den *brautkranz*
und jede nur einmal
du hast mich dann an den hacken

gekitzelt mit einem frühen *birken*zweig
ab heute bleibt es
länger hell wie die haut *schön*
wie der *wolgastrand*

restwärme

das jahr ist am ende wir geben acht
tage zu ohne sicht
bare sonne ein wintergeld und das wetter
gebärdet sich unerhört gleich
einem seine taubheit aufs äußerste ausreizenden
kind spielt mit dem frischen abreißkalender
zupft lustvoll ab blatt um blatt und raschelt
bereits in den letzten tagen des märz

etwa auszurasten derhalben wagt niemand allen
aber kribbelt es in den fingern wie
nach dem kontakt mit jungen nervösen
tannenschößlingen es ist zum ausfahren
aus den pellen rollkrägen jahreswechsel
fellen die uns in dieser saison
zögerlich nur um die stubenleiber
wuchsen ein ajourmuster bildeten
mit den räudigen schneeweißen stellen die tage
aber vergrünen wie überzählige
kartoffeln deren anwesenheit
in der achtlosigkeit der dunkelsten ecke des
                              spülschrankes
peinlich berührt

herzen zu händen

was ich sehe ist eine verseifungsreihe
schlüpfrige ansichtsstücke handlich
in echtherzform meine sauberen blicke
rutschen andauernd ab klemmen
sich hinter die schilder männlich
sechsundzwanzig das kann
kein infarkt gewesen sein das
ist ein stummes gesundes herz
ehrlich wie kernseife

laugen klarglas zweimal unbeschlagen ich
diese richtung stellt sich ein
als korrektiv des spiegelwegs:
ich schiebe blicke durch scheiben erhasche
organe im warmbad dies sei
eine öffentliche reinigungsanstalt
es gibt nichts zu verbergen

und es ist nicht gesagt
dass nicht eine leber, zirrhös
eine ähnliche schönheit aufweisen kann
wie ein eiweißer ebenmäßiger gallenstein
oder eine hand auf dem dunklen
rahmenholz der vitrine
oder wie man es nennt

jeder schrank balanciert auf vier fragen:
wie hält man es aus sich anzuschaun
wie hält man es nicht aus sich anzuschaun
wie hält man es aus sich nicht anzuschaun
wie hält man es nicht aus sich nicht anzuschaun
ein raum voller schwänke

was sind monstren andres als
die vorstufe einer demonstration
einer studie in melancholie die nichts ist
als ein schlagschatten heller ausgelassenheit
auf ein zwinkern hin aber belauert
man das zyklopenauge vergeblich
und die sirene folgt nicht singend
den auslaufschwingungen ihres teigigen leibes
keine zwei worte gibt der januskopf preis
und potentiell müssen die äußerungen
eines amorphen bleiben

aber der spalt zwischen menschlichen
häuten ist schmal geworden und klar
wie glas es passt eine zarte
dankbarkeit nur hinein und ein wenig
vom dünnen grinsen des zwillingsskeletts
rutscht nach dann kommt schon
das letzte los es schimmert
grün und ist ein
exit

Ulrike Draesner

»zu einem glück? zum schein?«
Gedanken, die neueste Lyrik betreffend

Die neueste Lyrik ist all das, was jetzt geschrieben wird.
Doch so wird dieser Ausdruck nicht aufgefasst: er zielt auf
das Alter der Autoren. Mediale Gesellschaften brauchen
Biographien vielleicht in besonderem Maß, sie dienen als
Authentizitäts-tags, die den Texten angeheftet werden.
Zugleich ist das Ordnungsdenken in Generationen ein altes
Werk- oder vielleicht auch Wehrzeug einer Menschheit, auf
der in Shakespeares Worten die »Zeit reitet«, eine Zeit, die
schönste Juwelen erzeugt, unsere Körper, um sie dann mit
ihrem grauen Stift zu zerkratzen.
Wer nach Generationen fragt will wissen, was sich verändert.
Heute mag er beim Lesen in einem Jahrgangsbuch danach
suchen, wie Erreichbarkeit, Überwachung und ubiquitäre
Verschaltung, wie 0-1-Ebenensprünge zwischen Virtuellem,
Realem und Fiktivem sich niedergeschlagen haben in Köpfen,
die eine andere Welt nie kannten. Abgelagert auf der Fenster-
scheibe »Seele«: wie sie daran herunterrinnen, welche Spuren
sie ziehen. Stellen wir uns in den »neuesten Gedichten« also
Computerspiele vor, Elfen und Orgs, Videoclips, Musik, Pulver-
nahrung, in Wasser verrührt, neben Gedanken zur Fourier-
transformation, sozusagen als Basiswerkzeug?
Da klingt Nora Gomringers Ankündigung »Ich werde etwas mit
der Sprache machen« geradezu lakonisch. »Etwas Besonderes
mit der Sprache« ginge bei vielen als Minimaldefinition für
Lyrik durch. Gomringer, Jahrgang 80, ist eine der jüngsten
Autorinnen in diesem Band, der älteste Beiträger wurde 1972
geboren. Gewiss eine Generation, möchte man rasch nicken,

und doch sind die im *Neubuch* versammelten Autoren bei genauerem Hinsehen höchst unterschiedlich alt. Das berühmt berüchtigte »Schreiben« richtet sich nicht nach Geburtsjahren; für auktoriale Generationenbildungen ist das Erscheinen des ersten Buches wohl ein ebenso wichtiges Datum. In dieser Hinsicht ist die vorliegende Anthologie auf spannende Weise heterogen: da wird es munter, geht Berge rauf, Buckel runter.

Man weiß es längst: Generationen sind Fiktionen. Die schöne alte Sehnsucht, das, was jemand tut, unter dem Aspekt seiner spezifischen Lebens- und Zeiterfahrungen zu verstehen, mag zwar mehr ein Verfangen denn ein Unterfangen sein – und doch ist es fruchtbar, diesem Ansatz zu folgen. Wie sonst sollte man versuchen, den »Zeitgeist« am Schlafittchen zu packen? Oder wenigstens einen Blick auf seinen neuesten Mantelsaum zu erhaschen?

Das Wort ‚Zeitgeist' hat einen schlechten Ruf. Erst ausgehöhlt durch Überbenutzung, nun leicht antiquiert. Ich möchte den Begriff ernster nehmen, steckt in ihm doch immerhin eine Ahnung davon, wie Menschen sich in Kollektiven (ein weiteres Wort auf der Bedrohten-Liste) bewegen. Wirtschaftliche, technische und kulturelle Paradigmen, Sprechweisen, Inszenierungen, Moden und Stile, gebündelt in Strömungen, die uns nicht unbedingt bewusst werden, wandern auf uns zu und durch uns hindurch. Sie erzeugen unsichtbare, aber wirkmächtige Zusammengehörigkeiten – Farbe und Geschmack einer Region, eines Landes, einer Zeit. Man selbst steckt mitten darin, blind, Teil des Fischschwarms, dessen Bewegungsgesetze auch jene, die von außen darauf sehen, nicht verstehen. So schwappt man inzwischen rasch und ununterbrochen in verschiedenen Simultangestalten um den Globus, als »schwerer Körper«, polytroper Internet-User und erratischer Teil einer Fernsehgemeinschaft, erschreckt von Giftwolken und schmelzendem Eis.

Da sitzt man – und hält einen Gedichtband in der Hand. Und fragt sich, wie man etwas fühlt? Wie man es macht, etwas zu fühlen? Wie man fühlt, dass man etwas fühlt?

Generationen sind Spiegel. Gedichtanthologien, in Generationen gefasst, polieren diesen Spiegel. An manchen Stellen blenden sie, das gehört dazu. An anderen halten sie luzide vor, was war, was verändert wurde, was weiterspielt.

Das *Neubuch* bietet kein Panorama, sondern eine Auswahl von 25 Stimmen. Rasch stellte sich beim Lesen das Gefühl ein, tatsächlich jeweils in einen dem Autor zugehörigen Gedichtraum treten zu können. Wie in einem langen Flur reiht die Anthologie diese Räume auf. Wie aber sieht das ganze Gebäude aus?

Diese Frage ist unsinnig; es kann, allemal heute, keine Antwort darauf geben. Aber ich möchte versuchen, ein paar Fäden zu legen in das immer changierende Labyrinth »Jetzt«. Sie können und wollen nur dem folgen, was mir in die Augen fiel – und von dort weiter in mich hinein.

Animation (anfangen)
Die Gedichte im *Neubuch* bestätigen Erwartungen. Wie beruhigend, nicht wahr? Clubs und Bars, Love Parade, Musik von Heavy Metal über Pop zu Reinhard Mey, hie und da Liebe, sogenannt, kaum Sex, sehr wenig Sex, kaum Politik, sehr wenig Politik, viel ich, viel du, ein wenig Paar, Vater, Tochter, Familienkonstellation. Plötzlich aber springt etwas um; noch immer erkennt man es wieder, doch nun hat es einen ganz eigenen Dreh. Vielleicht sollte ich sagen, eine Zeitschaltuhr sprang an, eine Maschine muss es jedenfalls sein. Dann geht die alte Situation »Mutter kommt auf Besuch« so:

meine mutter kam samt ihrem funkloch
wir mussten sie im garten aufstellen, wir

verharrten auf dem balkon und winkten
ich hatte augenringe und war bald heiser

das grollen einer lawine oben auf dem dach

die antenne ragte aus dem rücken meiner frau

Selbstverständlich und unaufgeregt bietet Herbert Hindringers Gedicht sich an. Kurzes Gleiten, unmerkliches Rutschen. Das alte poetische Mittel, etwas konsequent wörtlich zu nehmen (Mutter mit Funkloch) führt zu einer Einwanderung der Medien in den Körper. Wirklichkeit, eine Blendung, fast ein Klicken. Doch in Gedichten fällt – infam, präzise, schnell – selbst dieses Klicken noch aus. Der Übergang ist leise. Man spürt ihn erst, wenn man nachlauscht, wenn man ihn in sich liegen lässt.

Die Fügung »liegen lernen« aus Andrea Heusers langem Gedicht *vor dem verschwinden*, der Beginn einer Strophe, fast ihr Titel, eignete sich dabei als minimalistische Anweisung sowohl für die Autoren wie die Leser von Gedichten. Schöne mehrdeutige Sprachverschiebung: lügen lernen, lieben lernen, liegen lassen. Fliegen?

Auch Nora Bossong und Daniela Danz arbeiten mit präzisen Rückungen. Rhythmische und lautliche Linien formen, einander umspielend, die Verse. »Aus einem Strauch / rast eine Ratte. Rüstung, rosa Anorak« (Bossong). Vergleiche und wörtliche Wiederholungen wechseln sich ab, um eine Figur sichtbar zu machen. Leise auf den ersten Blick, unheimlich auf den zweiten: »Ein Hund nagt am Reifen / des verrosteten Hängers, ist gestern«. Der Rüstung folgen Drachen, Schätze, Höhlen und Helden, in rosa-krachendes Licht getaucht. Zusehen? Oh ja. Für Daniela Danz' Prinzessin zwischen Schlange und St. Georg bedeutet es allerdings:

und ihre Züge werden: Fels wie der
vor dem sie kniet – so geht als süßer

Anlass einer *aventure* sie ins Flirren
dieser zierlich kleinen Landschaft ein

Akribien der Versatzung in doppeltem Sinn: Sätze, grammatisch
korrekt gebaut, metrisch geladen, belebt von Mythen, zurück-
gekippt in ein Bild. Eine weitere Sprungebene bringt Gomringer
ins Spiel. *Ich werde etwas mit der Sprache machen* zielt auf
Sensationslust als Schau- und Hörgier.
Temporeich wird Unglaubliches in immer neuen Steigerungen
versprochen. Das endet, wie es enden muss – die Blase platzt.
Am Schlusswort des Gedichtes, »nichts«, sind natürlich die
Zuhörer/ Leser schuld; ebenso die Autorin sowie die Sprache
an sich. Dabei hat sich das Versprochene, das inhaltlich so
schief ging, längst erfüllt. Das Besondere mit der Sprache ist im
Gedichtvortrag passiert: Es wurde mit der Stimme gemacht,
war die Darbietung des Textes selbst: sein Nichts-im-Besonderen
ist Besonderheit. Er wird eine laute Heischungsgeste, eine
vergängliche Aufmerksamkeitsfanginstallation.
Man kann hier vielfältige Sprach- und Auftrittsechos hören.
Der Sprechakt selbst zählt. Emphatisch wird ein Raum ganz
aus Sprache aufgebaut und wieder abgeblasen. Vor allem im
Vortrag zeigt sich, wie das Gedicht erlaubt, mit Sprache eine
Handlung auszuführen, die nichts bedeutet als sich selbst.
Die Betonung des Sprechens gilt auch für die Jargontexte Tina
Gintrowskis sowie für Christian Schloyers *Sprechakt* betiteltes
Wiederholungs- und Mutationsgedicht: unklares Flattern gegen
Gläser (Schmetterlinge). Die Wortlinien (Verse) versuchen
etwas einzufangen, das sich nicht fangen lässt. Reich tritt
Sprache auf – überbordend – und zeichnet eine Bewegung in
die Luft, die durch Übertreibung, durch übertriebene Wieder-
holung, durch immer wechselndes Zusammenstellen eines
beschränkten Wortvorrats im Akt des Sprechens selbst zeigt,
wie versucht wird etwas festzuhalten, das, sich entziehend, als

Spur seiner selbst dann doch im – soeben wieder verhallten – Sprechraum steht. Filmische Bewegungen. Erscheinen als kaum erscheinen, als gar nicht erscheinen, als kaum da sein, als verschwinden. Vorgefertigte, aber konsequent verschobene mythische, gestische und rhetorische Figuren, erfunden aus einem gefüllten Raum, werden animiert ins Leere geschickt. Animationen als Linien, ausgezogen in einen ausweißenden Raum, ins Flirren. Da, und fort. Vergänglich, doch wiederholbar.

Echo (-fangen)

Wiederholungen sind der Grundstoff von Gedichten.

Das weiß jeder – vielleicht wird es deswegen immer wieder vergessen.

Wiederholungen scheinen so einfach. Ich finde sie zunehmend rätselhaft. Trickreiche kleine Gebilde! Im Kopf haken sie an Stellen an, die uralt sein müssen, massieren verborgene Knöpfe und erzeugen Hormone, Ideen, (Leicht)Gläubigkeit. Hätte es den repeat-Schalter schon gegeben, Homo australopithecus afarensis hätte ihn mit breitem Grinsen betätigt.

Die Form eines Gedichts entsteht aus Wiederholung: Reim, Strophe, Wortmelodie. Darüber hinaus macht Wiederholung nicht nur im Einzeltext Musik, sondern wirkt zugleich quer durch die gesamte Dichtungstradition. *Dieser* Reim, *dieses* Metrum, *diese* Form. Selbst wer meint, sich frei zu machen, entgeht diesem Rhythmus nicht, als Echo ist er da, ein Stück Raum dessen, was Gedicht überhaupt heißt und wohinein man den eigenen Text baut. Wiederholung – und ein kleines »und«: Verschiebungen im Echoraum.

In die Berge, ins Wallis-Echo, nimmt Carl-Christian Elze uns mit. Hohe Wände aus Stein, Fels, Sprache und Bild stellt er zusammen. Sie werfen Bild- und Sprachstücke zurück, wiederholen, verschieben. Reisegedichten droht, falls der Autor vergisst, seine Sprache mitzunehmen, der nur touristische Blick. Elze hingegen gelingt es, aus dem Wallis Worte für uns herauszuhören. Gefühle entstehen, denn die Echos blitzen außen und innen hin und her. Sie sind ganz unrealistisch: Widerklänge etwa, die Buchstaben hinzufügen. Auch dadurch zeigen sie sich als Projektion – Stücke jener Interpretation, mit der das Auge jede Landschaft überzieht und für sich, als Gedanken- und Erlebensraum, funktionalisiert.

Blitz, Störung, schnelles Gehen. Auch die Sprache bewegt sich: die Typographie von Elzes Gedichten zeigt, wie Sprache in der »luftnot« der Berghöhe laut oder leise schwillt. Auch hier also ist die Aufführung mitgeschrieben, der Bergraum wird in Bild und Stimme erfahren und als echoreicher Gedichtraum bezogen. Mit Lidern wie Cockpitschlitzen, in der Nähe von Maschinen. Verbunden mit der hoffnungsvoll ambivalenten Frage:

»dünne luft, verdünnt sie dich / zu einem glück? zum schein?«

Während bei Elze Wiederholungen schon im Druckbild auffallen, benutzt Andrea Heuser wörtliche Wiederholung als möglichst dezentes Mittel, um von einer Bedeutung zu einer anderen zu führen. An Vokalen bewegt das Denken sich entlang, der Gedichtbau erfolgt aus der Wortlautung, fast ohne Brüche oder Schwellen scheint man im Lesen zu gleiten. Auflösung der Hochsprechinstanz, des aufrechten Mundes: Heuser sucht ein »SPRECHEN hier unten«, bei Gräsern, Gleisen, auf der Erde.

SCHLÜPFEN, die nachlässige lücke
in der zaunschale hindurch, als gäbe es das
anschmiegen, zahn- und ränderlos, hinein
kriechen ins blühen [...]

Bei Heuser und Elze wird Natur »in extremis« genommen, als Höhenlage oder Untergrund, liegend oder schwankend. Geht es gut, beugen mit der Sprache uns auch wir. Und legen das

Ohr, schlüpfend – aus der Puppe brechend – an etwas (uns) Neues.

Normal Null (Echo 2)

Liest man die Gedichte des *Neubuchs*, möchte man manchmal glauben, Sprache sei eine Welle: wie viele Zitate, Mythenbrocken, Ortsschilder, Klischees, Drachentöter und Frösche, biblische Rippen, Prinzessinnen, halbnackte Helden sie angeschwemmt hat. Dazu Bezüge auf Gedichte von Plath, Benn, Kling; Namen aus Kunst und Literatur, Unterschriften, Motti, Kommentare. Die Ablagerungen werden nun wieder »ausgespuckt«, die auktoriale Auswahl ist dabei möglichst »unter der Hand« gehalten. Auf die Spitze getriebene zitierte Sprechweisen lassen sich in konsequenter Künstlichkeit, als sozusagen »natürliches« Sprechen auf Normal Null, benutzen, um Scheingeschichten zu erzählen. Zierliche Haufen aus Werbesprüchen und Wirtschaftsfloskeln bildet Tom Bresemann:

du auf der couch im living-
room mit deinen tele-
prompteraugen. und ich
nebenan, als host
age eines reality formats.
ist das jetzt eine dieser win/
win situationen

Man könnte dieses sprachliche Einwandern und Ablagern, die Wiederkehr der Formate, in den Gedichten selbst zuspitzen. Was ist es: Kontamination? Trance? Glück der Unterschiedslosigkeit? Und vor allem: Wie zeigt es sich in der poetischen Sprache selbst?
Doch die damit implizierten Wertungen, diese Metaebenendistanzen, scheinen dieser Generation nicht wichtig zu sein. Selbstverständlich ist dieser Satz eine hemmungslose Ver-

allgemeinerung. Ich schärfe eine Spur, schneide ins Material. Bemerke: laute Töne scheinen suspekt. Denke: vielleicht sind sie auch peinlich?

Das scheint mir vorsichtig und zugleich übervorsichtig; es scheint mir zart und fremd.

Ich setze noch einmal an.

moabiter balkon

es sind nur streichgeräusche, die die luft
heut von sich gibt. auf dem ehemals
verseuchten spielplatz fliegen ein paar kiesel
als salven einer rache vor die torschusswand.
ein laster holpert übers kopfsteinpflaster, kreuzt
noch voller vorsicht die waldenserstraße. drüben
hat der bäcker seinen kuchen reduziert, wie immer
gegen siebzehn uhr. [...]

Versteckt in einer überdeutlich ausgemalten Stadttopographie (warum wird ausgerechnet die Waldenserstraße erwähnt?), in Bildern scheinbarer Belanglosigkeit (Kinder spielen, sogar LKWs fahren vorsichtig), mitten in einem Fast-Idyll mit Preisnachlass liegt bei Marius Hulpe der »ehemals verseuchte spielplatz«. Eine schlichte Aussage, der weder Klage, Kontext noch Begründung folgen. In ihren besten Momenten erzeugen solche Nebenher-Sätze Beklemmung. Für einen Augenblick glaube ich, den Raum zu sehen, aus dem heraus gesprochen wurde. Er hat etwas Second-World-haftes, gerade in seinem Faktenton. Waldenserstraße? Weil der Autor dort wohnt? Mag sein, und ist doch bedeutungslos. Im Gedicht sind Namen selbst »streichgeräusche«, Überdeterminationen. Moabit, Waldenserstraße und der Bäcker »drüben« locken in eine *map*. Als könne man Google Earth anschalten und die Szene sehen. Überbelichtet, hyperreal. Gefühle sind hier Kunst-Pflänzchen, Aufregung bleibt Geste. In Hulpes nächstem Gedicht kämpfen

Wildschweine im Wald um den Genpool – eine präzise Beschreibung, unterkühlt und informiert zugleich. Manchmal fällt da wohl auch der Mond herab, von einer stürzenden Maschine ist er allerdings nicht zu unterscheiden.
Pech?
Faktum.
Auf rutschigem Grund.
Denn Sprache ist etwas anderes als eine Welle. Sie verschwindet nicht wieder. Sie baut Räume, stellt Wände. Darauf spielen die Echos, spiegeln sich Bilder – und springen zurück auf den, der spricht. Wände schützen und verstellen (Zugänge, Ausblicke). Doch würde man deswegen sagen, Wirklichkeit wäre verstellt?
Die Frage mag seltsam scheinen. Und doch kristallisiert in ihr für mich etwas aus, das nicht wenige Gedichte des *Neubuchs* mir »untersprechend« zuzumorsen scheinen. Ein Begriff, der samt einiger seiner gängigsten Ableitungen erstaunlich häufig in ihnen vorkommt, hilft auf dieser Spur weiter.

Kulisse (Echo, Wand)

Wer von Kulissen spricht, ruft nicht nur Bühnen(bilder) auf, Gaukelei und schönen Schein. Wer von Kulissen spricht, suggeriert einen sicheren Unterschied zwischen Echtem und bloßer Stellwand, zwischen Theater und Wirklichkeit. In manchem Vers mag das Wort ›Kulisse‹ naiv gebraucht, in anderen so weit über den Rand geschoben sein, dass es in seine eigene Unsinnigkeit kippt. Es ist spannend, was dank des »medialen Turns« seit Jahren mit Begriffen aus dem Zeigebereich, aus Theater, Aufführung, Bild und Schein geschieht. Sie sehen aus wie vor 15 Jahren – und sind ganz verwandelt. In Thien Trans *Finale Grande* erscheint gegen Ende ein simples »hinter den Kulissen«. Beiläufig (wie anders), aber doch als zentrale Gedichtidee zeigt Tran, wie dieses »hinter« sich auflöst. Mit größter Selbstverständlichkeit stehen vor der Kulisse mit Kulissen versehene Kulissenbetrachter. An den Augen tragen sie eine »Augenraumvorrichtung«, eine »hightech-automatisierte Objektivapparatur«. Wo ist »hinter den Kulissen« nun?

Für das Große Ende nimmt das Gedicht künstliche Luft und Goldbonbons hinzu. Die Welt streckt sich zum Jupiter und in die Tiefsee. Wahrnehmung wird nun als Extremsport betrieben. Aber immer abgesichert, nämlich mit Durchbruch auf die nächste Bühne: es grüßt das kleine Computerspiel. Groß, hoch, glatt scheint »die Wirklichkeit«. Mit einem Gedicht auf sie zu zielen – die Armbrust anlegen, dastehen als kleine schwarze Figur, als Scherenschnitt, als Bild. Kulissen sind endemisch, sie sind überall.

Zusätzlich interessant werden sie aus einem zweiten Grund. Wer von ihnen spricht, nimmt Bühnen ins Gedicht. Inmitten der inszenierten Belanglosigkeit und Nebensächlichkeit vieler Gedichte, Höhe Normalnull, inmitten ihrer eingeübten Understatements und ihrer Kühle, zeigt sich damit, dass versteckt, doch fühlbar, immer (noch) (etwas) gezeigt wird. Also doch ein Aufhebens gemacht. Wenn vielleicht auch nur einen Zentimeter hoch.

Merklich anders verfahren nur die bereits zitierte Andrea Heuser und Norbert Lange. Hier gilt die Intensität des Tons. Langes Hauptthema ist die Geschichte, ernst und witzig, verdreht, in lauten Buchstaben und Zitaten. Stellwände erscheinen auch hier zuallererst: Kühlschränke und Tagelieder – Maschinen und die Gedichtmaschinentradition. Dazu das deutsche »es« als Handlungssubjekt. Geschickt in Wiederholungen gebettet, marschiert es ein ins digitale Tagelied oder in das titellose »zerrrhakkt«. Schreibweise und Sprechton erinnern an Thomas Kling. So wird von Norbert Lange nicht nur Geschichte, sondern auch die bereits medial gebrochene poetische Bezugnahme eines anderen auf Geschichte ein weiteres Mal in Soundeffekte gespielt, verzerrt, zitiert. »piepmatzinternes geschlinge«. Manchmal verpassen die Gedichte dabei ihrem Stoffteig einen tolldreisten »Dreh«. So kommen im *Kaiserbrötchen* Backfixwirklichkeit und Monarchenmentalität aufs schönste zusammen, werden »ausgebacken« und in die Geschichtszüge gestopft.

In der Poesie gibt es, wie in anderen Gattungen, Sprachverfahren, die eine Zeit lang sehr gefragt sind, dann aber brachliegen, als müssten sie sich erholen. Montage/ Collage gehören heute dazu. Lange beatmet sie wieder. Dabei berührt er Geschichte in dem Wissen, dass alles zugleich Fototapete sein mag. Nie weiß man, wo man sich gerade (be)findet, und ob man nicht eben damit im nächsten Augenblick herunterkommt (an die Tapete gekrallt). Der Raum ist ein »take / *zerfallen*«. Voller »über und neben Sächlichkeiten« (Merten). Das »gesicht als sach- / leistung ab(zu)liefern« (Bresemann).

Poolbildung (Echo »-isse«)

Ideale Kulisse einer rechten Kulissenbildung ist so natürlich wie »natürlich« die Natur, Grundstoff aller Pixel und Gene.

es war nicht ganz auszumachen, an der standardböschung
da meine kulissenbildung ja nie besonders originell, wie
auch immer, mit den füßen im wasser wurde deutlich:

In den ersten Versen des Gedichts *poolbildung* von Katharina Schultens arbeiten die Worte präzise doppeldeutig. »es war nicht auszumachen«: etwas ließ sich nicht erkennen? Aber am Ende des Satzes ist von »deutlich« die Rede. Hieß »ausmachen« also doch eher »ausschalten?«, »fortmachen?« Dies aber misslang wohl – die Füße stehen im Wasser, ein Pool erscheint. Später wird das Ganze als »heikle Situation« bewertet: unversehens ging der Boden unter den Füßen verloren, »es

begann ein hektisches str- / trampeln ohne geräusch«.
Allein der Wortsprung zwischen Balance und Bilanz, ein wenig
Erinnerung an wirtschaftliches Gleichgewicht, löst die Situation
wieder auf, als wäre nichts gewesen. Und da war ja vielleicht
auch nichts: »ich hatte genug von analogien, stieg / triefend
zurück.«
Krisen finden nicht statt (»heillos banal«). Man trocknet sich
und wirft »mit bedacht« das Handtuch auf den Sand. Das
Wasser, die Analogie-Strudel, allerdings verschwinden nicht,
eine merkwürdige Prüfung, u. a. auf Formulierungstechniken,
beginnt.

         & wie immer, meistens
in solchen, heiklen situationen gab es fahrradfahrer
in konversation den abhang herunter, die sich überhaupt
nicht scherten, eine furt vermuteten, wo keine, nurwiramrand

Die einen treiben Konversation, beschleunigt rollen sie wie
von selbst den Hang hinab. Ein diffuses Sprechwir hingegen,
als Furt missbraucht, steht/ liegt am Ende am Rand des Pools,
stumm und gequetscht. Kurze Panik, dann Scham. Eben noch
hatten Standardböschung und Poolbildung angefangen, ein
Kulissenbild zu formen. Doch dann weißt das Bild aus – als
würde es überbelichtet: die Abbildung von Begehren bleibt
diffus, was da ist, wird abgerieben, das Hirn unterzuckert.
Einzig die Empfindung von »heikel« scheint nachzuwirken,
während andere mit ihrer Sprache den Berg heruntertropfen,
ohne sich zu »scheren«. Sie kümmern sich nicht, sie beschneiden
sich nicht. Konversation funktioniert wie ein Gleitfilm. Die
sprechenden Fahrradfahrer vermuten eine Furt, wo keine ist.
Eine Fehlinterpretation der »Wirklichkeit« also. Doch sie ist
günstig. Und hat sie Konsequenzen?
Das Gedicht hält hier an, staucht die eigene Bewegung zu
einem »nurwiramrand«. Das Druckbild zeigt eine Sprache, die

sich und das »wir« zusammenquetscht. Wird es als Furt gebraucht, also als etwas, auf das man treten kann? Doch statt einer dramatischen Geste lässt das Gedicht das Bild weiter ausweißen. Als Leser kann man als »wiramrand« zugleich Teil des Bildes sein und es von außen betrachten. Denn da gibt es jemanden (Standardböschung, Kulissenbildung), der eben noch die Pixel zusammensetzt. Jemanden, der sie schreibt.

poolbildung handelt von Quetschungen durch Bild- und Konversationsdruck. Die Gedichtform selbst spiegelt dies: es ist nicht nur eingebogen, sondern geradezu »indented«, eingezahnt. Ausgehend von der ersten Zeile wandert der rechte Zeilenrand, quetschend, immer weiter auf den linken zu, um fast in der Mitte des Gedichts umzukehren und wieder nach außen gezogen zu werden. So wirkt der Text eingeschnitten und gequetscht. Eben an seiner dünnsten Stelle wird das Handtuch mit Bedacht auf die Windrichtung in den Sand geworfen, und dieses eine Mal auch ein Motiv für die Handlungen des Ichs genannt. Der Satz ist zentral, so zentral, dass er zu stottern beginnt – dass er Ausdehnung fordert:

> ... ich
ich wollte aber zärtlich bleiben

»... verschwommen schön«

Der polnische Dichter Zbigniew Herbert, Jahrgang 1924, bedauerte am Ende seines Lebens, einer Generation angehört zu haben, die von Schönheit im Gedicht wenig wissen wollte. Suspekt ist solche Schönheit weiterhin – im Wort ›suspekt‹ aber steckt ein nochmaliges Schauen, ein Unter-Sehen oder auch Untersuchen. Schönheit in Versen also, auch heute eine »heikle Situation« zwischen Standardböschung und Konversation, zwischen Quetschung und Ausdehnung. Verbunden aufs engste mit unseren Empfindlichkeiten gegenüber Pathos, mit jenen Grenzen von Peinlichkeit, Scham und Sehnsucht, die unsere Sprech- und Wahrnehmungsräume gleichermaßen durchziehen.

bieder sind wir, doch verschwommen schön betitelt Andre Rudolph eines seiner Gedichte. Dämpfend flankieren »bieder« und »verschwommen« das mächtige »schön«. In den nachfolgenden Versen regnet es wochenlang, ein Paar sitzt Probe im Stadtpark, für die (schöne) Magnolienblüte. Sehnsucht und Vorsicht gehen Hand in Hand. Natürlich weiß man um Tabus. Weiß um die Kunst der schnellen Wechsel, des Understatements, eines kratzenden Zitierens. Zugleich merkt man vielen Gedichten des *Neubuchs* an, dass von Anfang an auf die Schönheit der erzeugten Bilder und ihrer sprachlichen Fügungen gezielt wurde. Hie und da ist von Seelen die Rede (Ulrike Almut Sandig), wenn auch abgefedert durch groteske Konkretionen und/oder das Wissen um Märchen. Diese rhetorische Figur ist altbewährt: man stellt ein »Minus« auf – und spricht in seinem Schutz. Eine kluge und nötige rhetorische Geste: sie probt die Grenzen dessen, was als erträglich gilt. Sie macht einen Sprechversuch mit uns und dem kulturellen Code, in dessen Wasser wir »verschwimmen«.

Die Prominenz von Wiederholungen hat einen Grund. Allmählich glaube ich, ihm auf die Spur zu kommen. Wände, Echos, Versteckspiele und »Leisigkeit« sind Bewegungsformen – auf der Fläche der Worte gezogene Schlieren – von Pathosangst und Pathossehnsucht.

Oder auch Gefühlsangst. Gefühlssehnsucht. Dass sich hier »oder« sagen lässt, ist bereits Teil dessen, was mir als Antrieb, als untergründiger Motor manches Gedichtes dieser Anthologie erscheint. Worte wie »schön«, wie »Kulisse«, wie »Gesicht« bringen diese Spannung auf den Punkt. Knotenpunkte am Elektrozaun. Im Medienpark. An einer Grenze zwischen Mund, Installation, Strom, (Be)Rechnung und Gefühl.

Zum einen der Versuch, zärtlich und unauffällig-auffällig zu sein. Wirklichkeiten gleiten, seien sie medial verarbeitet oder nicht, benannt wird es bleiläufig. *»Schnitt gegen eine Tür«* heißt es bei Norbert Lange. Wer Türen in Wänden nicht öffnen kann oder mag, schneidet hinein. Es entsteht ein Spalt. Nimmt man andere Texte aus dieser Raum-an-Raum-Anthologie hinzu, verwandelt er sich in einen Ort, in den sich eine Diskette nach der anderen schieben lässt (Danz, *Ovid in Constanta*).

Zum anderen eine Art »Einreißen«, ebenfalls zart. Ein Aufstellen des bereits Eingerissenen. Eingerissen sind manche Gedichte – zu Prosa. Eingerissen, aber poliert. Zögerlich, aber glänzend poliert. Kulisse als Sehnsuchtswort. An ihr prallen Laute ab, springen auf uns zurück. ›Kulisse‹ habe nur Sinn, wenn es auch etwas gebe, das Nichtkulisse ist, wollte ich denken und bekam etwas Drittes gezeigt. Manchmal findet man einen hilflosen Versuch, »Reales« einzuholen, manchmal einen ausgebufften, selten einen selbstironischen, meist eine gute Portion poetischer Energie und Eigenheit. Manchmal meint man, Biographiespuren direkt zu sehen, und fällt darauf herein, so offensichtlich werden sie – als Abziehbild – als überleuchtete, fast gelöschte Wirklichkeit – gezeigt.

Natürlich werden Gedichte nicht »ohne Leben« geschrieben. Aber wie das eine aus dem anderen entsteht, wie übergeht? Wie sich Gefühle, die doch schon sprachlich sind, damit (wenn) sie erinnert werden (können), in Sprache verwandeln, weil es etwas in ihnen gibt – das darüber hinaus reicht? Und mit welchem Gefühl, welcher Vorsicht und Akribie, welcher Zärtlichkeit verbunden, verbunden welcher überwundenen Angst, sie erscheinen?

»Sie werden staunen« hatte Gomringer versprochen. Staunen will ich wohl über Sprach- und Ding-, Innen- und Außenwelten, die sich öffnen. Etwas Besonderes mit der Sprache zu machen ist dabei nur Teil des Unterfangens. Gemacht wird etwas Bestimmtes mit dem Blick, dem Bilder Sehen und in sich Liegen lassen. Mit der Bereitschaft, sich berühren zu lassen. Höhe und Tiefe ausloten, Echos hören. Pathetisch sein, gestisch – und leise.

Allmähliche Beugungen der Sprache.

Um, mit Marius Hulpe, probeweise erinnert zu sein an »die liebevolle, unverschämte größe des ganzen«.

Bio- und Bibliographien

NORA BOSSONG, geboren 1982 in Bremen, lebt in Berlin. Studium in Berlin, Leipzig und Rom. Einzelveröffentlichungen: *Gegend.* Roman (Frankfurter Verlagsanstalt, 2006). *Reglose Jagd.* Gedichtband (ZuKlampen!, 2007). Verschiedene Auszeichnungen, zuletzt Wolfgang-Weyrauch-Förderpreis 2007, New-York-Stipendium des Deutschen Literaturfonds 2008.

TOM BRESEMANN, geboren 1978 in Berlin, Mitbegründer der S³ LiteraturWerke (www.s3-berlin.de), seit 2006 Mitarbeit im jungen Literaturhaus Berlins, der Lettrétage. Mitherausgeber der Anthologie *Wat los, Parzen?* (Aphaia Verlag, Berlin 2006), Herausgeber der *Edition Lettrétage* (seit 2006).
Gedichtband: *Makellos.* (Verlagshaus J. Frank, Berlin 2007), Gedichtauswahl: *Jetzt ist nah* (Roterfaden Lesehefte, Saarbrücken 2008), Lyrik und Prosa in Zeitschriften und Anthologien u.a. *Kampf der Künste – Gewinnertexte* (SuKultur, 2007), *intendenzen* (Hg. Ron Winkler, Berlin 2008). www.makellos-gedichte.de

DANIELA DANZ, geboren 1976 in Eisenach, lebt in Halle (Saale). Studium der Kunstgeschichte und Germanistik in Tübingen, Prag, Berlin und Halle. Seit 2003 freiberuflich als Autorin und Kunstinventarisatorin. Lehrauftrag an der Universität Osnabrück. Die hier abgedruckten Gedichte erscheinen Anfang 2009 in dem Gedichtband *PONTUS* bei Wallstein.
Veröffentlichungen: *Türmer.* Roman, 2006; *Serimunt.* Gedichte, 2004; *Arachne*, Erzählung, 2002; www.chiragon.de

CARL-CHRISTIAN ELZE, geboren 1974 in Berlin. Studium am Deutschen Literaturinstitut Leipzig. Redakteur und Mitherausgeber der Literaturzeitschrift *plumbum*.

Veröffentlichungen; *stadt/land/stopp* (Mitteldeutscher Verlag, Halle 2006); *gänge* (Connewitzer Verlagsbuchhandlung, Leipzig 2009). *wallis* wurde erstmals in *EDIT 46/2008*, *fötotomische ballade* erstmals 2007 in *Akzente* und *bozener straße, schöneberg* erstmals 2007 in *Park* abgedruckt.

Tina Ilse Gintrowski, geboren am 14. Juli 1978 in Berlin. Studium der Germanistik und Romanistik in Bonn, Abschluss mit dem Magisterexamen. Danach Zweitstudiumsintermezzo am Deutschen Literaturinstitut Leipzig. Veröffentlichungen in Zeitschriften und Anthologien. 2007 Preisträgerin beim 15. open mike der literaturWERKstatt Berlin, 2005 beim Mannheimer Heinrich-Vetter-Literaturwettbewerb. Zur Zeit Lehrkraft für Deutsch als Fremdsprache und Praktikantin in der Landwirtschaft. Lebt und schreibt in Bonn.

Nora Gomringer ist Schweizerin und Deutsche und Lyrikerin. Sie lebt seit 28 Jahren und ein paar dieser Jahre in Bamberg und um Bamberg herum. Seit 2006 ihr drittes Buch *Sag doch mal was zur Nacht* (Voland & Quist, Dresden und Leipzig) erschienen ist, reist sie und liest vor, schreibt und produziert für den Rundfunk. 2008 erscheint *Klimaforschung* bei Voland & Quist und darin sind zu finden: Gedichte, Sprechtexte und wieder eine CD. Diesem Band sind mit freundlicher Genehmigung auch die hier abgedruckten Gedichte *Das Herz, Ich werde etwas mit der Sprache machen, Nußbaumederlob, Dir einen Teller vorsetzen* und *Weg war ich* entnommen. www.noragomringer.de

Greta Granderath, geboren 1985 in Gelsenkirchen, Nordrhein-Westfalen. Seit 2005 Studium der Allgemeinen und Vergleichenden Literaturwissenschaft und der Theaterwissenschaft an der Freien Universität Berlin.

Veröffentlichungen in Zeitschriften und Anthologien; zuletzt in *EDIT* (Ausgabe Nr. 43/44, 2007) und *sprachgebunden* (Ausgabe Nr. 4, 2007), wo die Gedichte *Versuch ein Wort zu verlieren* und *Rouen* erstmals erschienen.

JÜRG HALTER, erschienen 1980 in Bern (Schweiz), wo er lebt. Studium an der dortigen Hochschule der Künste. Halter ist Dichter und unter dem Namen Kutti MC auch als Mundart-Rapper bekannt. Halter hatte zahlreiche Auftritte an internationalen Literaturfestivals in Europa, Russland, den U.S.A. und Afrika. Bekannt wurde er durch sein preisgekröntes Debüt *Ich habe die Welt berührt*, Gedichte (Ammann Verlag, 2005). Veröffentlichungen in diversen Zeitschriften (*Zwischen den Zeilen, Manuskripte, Volltext*), Zeitungen (*Neue Zürcher Zeitung* u.a.) und Anthologien. Alle hier abgedruckten Gedichte sind mit freundlicher Genehmigung des Verlages entnommen aus: Jürg Halter, *Nichts, das mich hält* (c) 2008, Copyright by Ammann Verlag & Co, Zürich.
Jürg Halter ist ein Mann für seltsame Kulte und für das Umbewerten von allem. (*Tages-Anzeiger*) www.juerghalter.com

ANDREA HEUSER, geboren 1972 in Köln, lebt seit 2001 in München. Literarische Arbeiten im Bereich Lyrik, Prosa, Libretto und Musiktheater. Promotion über deutsch-jüdische Literatur vor und nach 1989. Für ihre Arbeit erhielt Andrea Heuser zudem einige Preise und Stipendien, u.a. den Förderpreis der Internationalen Bodenseekonferenz für Lyrik (2006) und den Wolfgang-Weyrauch-Förderpreis (2007).
Im Frühjahr 2008 erschien ihr Lyrikband *vor dem verschwinden* bei onomato (Düsseldorf), dem alle hier versammelten Gedichte mit freundlicher Genehmigung des Verlages onomato entnommen sind.

HERBERT HINDRINGER, zur Welt gebracht am 8. November 1974 in Passau, dort einen Meter 86 groß geworden, zog an Silvester 2005 nach Hamburg. Isst Hamburger, ist Sozialpädagoge. Er schreibt hauptsächlich im Bett. Gedichte sind seine Art loszulachen, zu singen und seinen Kopf gegen die Wand zu schlagen, ohne die Nachbarn gegen sich aufzubringen. Manchmal sind Gedichte für ihn auch wie Däumchendrehen.
Bisherige Lyrikbände: *biete bluterguss & suche das weite* (2003) und *Distanzschule* (2007), beide bei yedermann erschienen. www.herbert-hindringer.de

MARIUS HULPE, geboren 1982 in Soest, lebt in Hildesheim und Berlin. Im Frühjahr 2008 erschien sein erster Gedichtband *wiederbelebung der lämmer* im Ammann Verlag. Diverse Tätigkeiten als Redakteur und Herausgeber.
Mitarbeiter der Literaturzeitschrift *Am Erker*. Auszeichnungen: Stipendien des Berliner Senats, des Landes Niedersachsen und des Künstlerdorfs Schöppingen. Literaturförderpreis 2008 des Landes Nordrhein-Westfalen.

ROMAN ISRAEL, geboren 1979 in Löbau (Sachsen), lebt in Dresden. Mitglied der Dresdner Lesebühne *sax royal*. Veröffentlichungen in Zeitschriften und Anthologien, u.a. in: *Dresden – Eine literarische Einladung* (Wagenbach, 2006).

DANIEL KETTELER, geboren 1978 in Warendorf, lebt und arbeitet als Arzt und Autor in Zürich. Studium der Medizin, sowie Magisterstudium der Neueren Deutschen Literaturwissenschaft, Deutschen Philologie und Neurolinguistik in Aachen. Veröffentlichungen in Literaturzeitschriften, zuletzt u.a. in *Am Erker, plumbum, intendenzen, Macondo, lauter niemand* und Anthologien, zuletzt in *Lass uns Herzen* (Hrsg. v. *Das Gedicht*) und im *Kölner Kneipenbuch* (Berlin Verlag). Einzelveröffentlichungen: *Zwei Inseln, eine Reise.* (SuKuLTuR, Berlin 2006) und *Das Knacken in der Rille.* Gedichte (parasitenpresse, Köln 2007), in dem die Texte *Landnahme I* und *Hildegard Knef-Remix* erstmals abgedruckt sind. Musik/Texte als *Elektro Willi und Sohn* auf Schallplatte und CD (modul8/ Nobistor). www.siconline.de

NORBERT LANGE, geboren 1978 in Gdingen (Polen), lebte im Rheinland, Berlin, dann Leipzig, jetzt wieder in Berlin. Ein Gedichtband: *Rauhfasern* (Lyrikedition 2000, München 2005); Veröffentlichungen in verschiedenen Zeitschriften und Anthologien. Im Herbst 2008 gibt er für die Lyrikedition 2000 den Band *zusammenhänge. Die Gedichte von Bernhard Koller* heraus. Die Gedichte im vorliegenden Band erschienen bereits in verschiedenen Kontexten in *comma – magazin für literatur*, *Akzente*, *Sprache Im Technischen Zeitalter* und *poetmag*.

KATRIN MARIE MERTEN, geboren 1982 in Jena, studierte ab 2001 in Leipzig Sozialpädagogik, ab 2007 am Deutschen Literaturinstitut, lebt in Leipzig.
Seit 2005 regelmäßige Veröffentlichung von Lyrik, Prosa und journalistischen Beiträgen in zahlreichen Literaturzeitschriften und Magazinen.
Preisträgerin des Eobanus Hessus-Wettbewerbs (2005, 2007), der Regensburger Schriftstellergruppe (2006) und des Jungen Literaturforums Hessen-Thüringen (2008).

ANDRE RUDOLPH, geboren 1975 in Warschau, aufgewachsen in Leipzig. Studium der Germanistik, Philosophie und Slawistik in Leipzig und Freiburg. Lebt in Leipzig.
Veröffentlichungen in Zeitschriften und Anthologien, u.a. *Sinn und Form, EDIT, Ostragehege, BELLA triste* und *intendenzen*. Finalist beim 15. open mike der literaturWERKstatt Berlin 2007. Prosanova-Literaturpreis 2008.

bieder sind wir, doch verschwommen schön, was für ein kühler märz.
erinnerst du dich an das eis? und *nach jahren der lohnarbeit an der*
schmetterlingssäge wurden erstmals in *Sinn und Form* (3/2007),
wie der fluß unterm sternenhimmel die schwellen abwärts und
schneewittchen in flüssigkristall, vor und nach dem fall; – erstmals
in der Anthologie zum 15. open mike der literaturWERKstatt
Berlin (Allitera-Verlag, München 2007), und *die töchter sind*
fenster in den häusern der mütter, durch erstmals in *Ostragehege*
48 abgedruckt.

Ulrike Almut Sandig wurde 1979 in Sachsen geboren und lebt
in Leipzig. Hat ein Studium in Journalistik abgebrochen, eins
in Religionswissenschaft und Indologie abgeschlossen und
studiert noch am Deutschen Literaturinstitut Leipzig. Ist seit
Herbst 2007 Redakteurin der Literaturzeitschrift *EDIT*. Ver-
öffentlichte zuletzt *Zunder* (Gedichte, 2005), *der tag, an dem*
alma kamillen kaufte (musikalisches Hörbuch mit Marlen Pelny,
2006) und *Streumen* (Gedichte, 2007). Im Herbst 2008 sendet
SWR ihr Hörspiel *Hush little Baby* (Regie Robert Schoen).

Christian Schloyer, geboren 1976 in Erlangen, studierte dort
u.a. Philosophie und gründete eine regionale Autorengruppe
und Schreibwerkstatt (*Wortwerk*). Lebt jetzt als freier Schrift-
steller (Verfasser von Lyrik und Werbetexten) in Nürnberg.
Mitglied im Verband Deutscher Schriftsteller und in den
Redaktionen der Literaturzeitschriften *Laufschrift* und *Blumen-*
fresser sowie in der Künstlergruppe *falschtechst-schlachtfest*.
Mitveranstalter u.a. der offenen Lesebühne *Textarena* in Nürn-
berg. Auszeichnungen u.a. erster Preisträger beim 12. open
mike der literaturWERKstatt Berlin (2004) und Leonce-und-
Lena-Preis (2007). Das Lyrikdebüt *spiel-ur-meere* erschien 2007
bei KOOKbooks, dem die Gedichte *sprechakt* und *imago* mit
freundlicher Genehmigung des KOOKbooks Verlags entnommen

sind. *dresden wie grünspan*, *girlies on the rocks*, *picasso ist ein herrischer beifahrer & schweigt* und *selbstreferentielles portrait* sind erstmals in der *Neuen Rundschau 119/1* (S. Fischer) erschienen.

CORNELIA SCHMERLE, geboren 1973, Publikation lyrischer Texte im Literaturmagazin *laufschrift*, in dem *synthese* erstmals abge-druckt wurde (2002), im *Signum* Sonderheft Dresdner Lyriktage (2002), in der Münchner *außer.dem* (2003; 2004 und Herbst 2007), im Berliner Stadtmagazin *TIP* (2003), in der Literaturzeitschrift *Federwelt* (2003; 2004; 2006; April 2007 und Oktober 2007). Vertreten auch auf verschiedenen ausgewählten Internetforen und in Online-Literaturzeitschriften (u.a. *lyrik.log, poetenladen.de und spa_tien* (Heft Nr. 6, 2008)).
Fertiggestellte Manuskripte und Texte: *In Pulsen*, Lyrikband (2004); *Cesare schreibt nicht*, Theaterstück (2006); *Malika*, Prosa (2006/2007); *Der Kreis Fedja*, Prosa (2007) aus der Trilogie *Die Konsequenz des Aktes*.
Im Juni 2002 nominiert für den Dresdner Lyrikpreis. Lesungen: Dresden (2002); München (2002); Erlangen, Poetenfest (2003); Augsburg im Rahmen der Bertolt Brecht-Tage (2004).

STEFAN SCHMITZER, geboren 1979 in Graz, Studium der Germanistik in Graz und Wien 1999-2006, Mitherausgabe der *unZine* 2003-2004, Veröffentlichungen in diversen Zeitschriften (*manuskripte, perspektive, schreibkraft*), Veranstaltungsprogrammierung für das Forum Stadtpark seit 2004, Musik mit FUN+STAHLBAD, lebt in Graz. 2007 erhielt er den Literaturförderungspreis der Stadt Graz. Im selben Jahr erschien *moonlight on clichy*. Gedichte (Literaturverlag Droschl) und *vier schuss*. Erzählung (Leykam). Ebenfalls beim Literaturverlag Droschl wird 2009 der Roman *wohin die verschwunden ist, um die es ohnehin nicht geht.* erscheinen.

KATHARINA SCHULTENS, geboren 1980 in Rheinland-Pfalz, ab 1999 kulturwissenschaftliches Studium in Deutschland, den USA und Italien. Seit 2005 in Berlin, Arbeit als Referentin im Wissenschaftsmanagement. Gedichtband *aufbrüche* (Rhein-Mosel Verlag, 2004). Martha-Saalfeld-Förderpreis 2005 und Georg-K.-Glaser-Förderpreis des Landes Rheinland-Pfalz 2007. Publikationen – Lyrik und Poetik – in diversen Zeitschriften und Anthologien, 2008 zuletzt: *BELLA Triste, intendenzen, Lyrik von Jetzt 2*.

MICHAEL STAUFFER, Dichterstauffer, wurde am 20. Juli 1972 um 14.55 Uhr in Winterthur, im Kanton Zürich, geboren. In Frauenfeld besuchte er: Spielgruppe, Kindergarten, Volksschule, Gymnasium, Blockflötenunterricht, Schönschreibkurse, Jugendriege, Jugendmusikkorps. In Bern und Lausanne besuchte er die Universität und studierte Deutsch, Französisch und Bildnerisches Gestalten. Er schloss diese Studien mit dem Lehramt für diese drei Fächer ab. Danach hat er an einer Berufsschule Coiffeusen, Polymechanikern und Bäcker/Konditoren in einem Teilpensum Allgemeinbildung und Sprache vermittelt. Seit 1999 ist er ausschließlich künstlerisch tätig. Dichterstauffer macht: Prosa, Hörspiele, Lyrik, Theaterstücke, Performances, singt, improvisiert, macht Konzepte und Konzerte, Ausstellungen, stellt der Welt zur Verfügung sich und seine Arbeit und feilt am Staufferwerk. Stauffer liest in der Schweiz und in Europa.
Letzte Veröffentlichungen: *Stauffer an Krüsi antworten. Dichterstauffer ruft Künstler Hans Krüsi*. Drei Hörspiele. Verlag Der gesunde Menschenversand/Kunstmuseum Thurgau, 2008. *So viel wie nie* mit: Hans Koch und Fabian Kuratli, Verlag Der gesunde Menschenversand, 2007. *Normal – Vereinigung für normales Glück*. Urs Engeler Editor, 2006.

THIEN TRAN, 1979 in Saigon geboren. Germanistik- und Philosophiestudium in Köln. Erste Gedichtveröffentlichungen 2004 (u.a. *Versa, Artic, Sprachgebunden, Carpe Plumbum, Floppy*

Myriapoda. Zuletzt: *Hermetisch offen*, eine Sonderausgabe der *intendenzen* in der Bibliothek Belletristik, Verlagshaus J. Frank, Berlin 2008). 2006 Nominierung für das Rolf Dieter Brinkmann-Stipendium. Neben Lyrik auch Buchrezensionen für die *Stadtrevue Köln*. Lebt und arbeitet in Köln.

CHRISTOPH WENZEL, geboren 1979 in Hamm/Westf., lebt und arbeitet in Aachen, Vorstandsmitglied des Literaturbüros in der Euregio Maas-Rhein; Mitherausgeber der Literaturzeitschrift *[SIC]* (www.siconline.de); verschiedene literarische Auszeichnungen. Zahlreiche Veröffentlichungen in Zeitschriften (z.B. *EDIT, Das Gedicht, intendenzen, mare, lauter niemand*) und Anthologien (z.B. *Jahrbuch der Lyrik, Lyrik von Jetzt 2, Quellenkunde, Versnetze, Der Deutsche Lyrikkalender, Kölner Kneipenbuch*); 2005 erschien der Lyrikband *zeit aus der karte* (Rimbaud Verlag). Zuletzt erhielt er von der Staatskanzlei NRW das Arbeitsstipendium (2007) und ein Auslandsstipendium (2008) für Autoren des Landes.
am dünenaufgang wurde erstmals in *EDIT 40/2006*, *kreidephysik* erstmals in *Quellenkunde* (Hg. Norbert Hummelt, Lyrikedition 2000, 2007), *reval ohne* und *neue heimat* erstmals in *Versnetze*. *Das große Buch der neuen deutschen Lyrik* (Hg. Axel Kutsch, Verlag Ralf Liebe, 2007) abgedruckt.

JUDITH ZANDER, geboren 1980 in Anklam, Studium der Germanistik, Anglistik und Geschichte in Greifswald, anschließend am Deutschen Literaturinstitut in Leipzig. Lyrik-Preisträgerin beim 15. open mike der literaturWERKstatt Berlin 2007. Stipendiatin der Kulturstiftung Sachsen im Edith-Stein-Haus in Wroclaw und des Künstlerhauses Lukas in Ahrenshoop 2008. Veröffentlichungen in Zeitschriften und Anthologien, u. a. *EDIT, Das Gedicht, manuskripte, wespennest, Lyrik von Jetzt 2*.

Inhalt

Lyrik bei [yedermann

Adrian Kasnitz:
innere sicherheit

Der Alltag ist bankrott, die Idylle grau und die Illusion dahin. Prahlende Männer am Tresen, Mädchen, die servieren und abservieren – Kasnitz erzählt von Kaffeebars, Pilslaune und Barackenwhiskey. Vom Leben, das wie eine Kirmes ist: Plüschtier oder Niete.

Für Neugierige, die auf der Suche nach neuer Lyrik sind, sehr zu empfehlen – für Gesinnungsgenossen, gewissermaßen.
(Kölnische Rundschau)

Adrian Kasnitz: innere sicherheit
Originalausgabe, broschiert
130 Seiten, EUR 10.-
ISBN 978-3-935269-31-5

Achim Wagner:
vor einer ankunft

Achim Wagner ist unterwegs, das Land sprachlich zu vermessen. Als Ausgangspunkt setzt er die entwaffnende Nüchternheit der Provinz, der ländlichen wie städtischen Routine. Er beobachtet kühl, fängt im Vorübergehen seine Bilder ein: Selbstbild mit Zigarette, die Silhouette einer Frau oder das Erbrechen in den Rhein.

Durch das Bannen von Aufmerksamkeit bei gleichzeitigem Auslassen von Ersehntem und Erwarteten erreicht Wagner mit dieser Gedichtform einen fast erotischen Dauerzustand.
(poetenladen)

Achim Wagner: vor einer ankunft
Originalausgabe, broschiert,
132 Seiten, EUR 10.-
ISBN 978-3-935269-33-9

Stefan Heuer:
favoritensterben

Der Nebel fällt ein, es dämmert, die Sinne
scheinen sich zu trüben. Der Abschied ist nah,
die Zeit vorüber für vieles, das Verfallsdatum
überschritten für viele.
Gnadenlos ist Heuers Blick gerichtet auf die
intimen, ungeschützten, auf die angreifbaren und
die verwundbaren Momente.

56 Texte, wie sie vielfältiger nicht sein könnten, sensibel
ziseliert zu kleinen Wortuniversen, mal verhalten, fast
lakonisch, dann wieder von explosiver Wucht.
(freitext)

Stefan Heuer: favoritensterben
Originalausgabe, broschiert,
134 Seiten, EUR 10.-
ISBN 978-3-935269-34-6

Gerald Fiebig:
geräuschpegel

„geräuschpegel" ist der zweite Band von Gerald
Fiebig nach „erinnerungen an die 90er jahre".
Seine Texte bieten alles, was der heutige Lyrik-
leser braucht – Sprachkunst, Sprachwitz und
Sprachwut.

Fiebigs Lyrik flüstert nicht in Zimmerlautstärke vor sich hin,
sie operiert im Sound des betäubenden Geräuschpegels, der
unsere Wahrnehmung blockiert ... Seine Poetik ist die des
Mischpults, an dem sampelnd der DJ steht.
(Jan Röhnert, Titel Magazin)

Gerald Fiebig: geräuschpegel
Originalausgabe, broschiert
116 Seiten, EUR 10.-
ISBN 978-3-935269-27-8

Lyrik bei [yedermann

Karin Fellner:
in belichteten wänden

Karin Fellners Gedichte betritt man wie ein Schachtelkino: Zwischen Ausfall-straßen und geköpften Platanen sind Tramper, Wirbelstürme und teegrüne Spinnen unterwegs. Im Raumklang der Verse verschmelzen Natur- und Kulturbilder. Und „hinter der rundung schnurren / leise die projektoren".

Das sind Gedichte! Präzise Pakete voller Wohlklang, Rhythmen und Bildüberraschung.
(Ulrike Draesner)

Karin Fellner: in belichteten wänden
Originalausgabe, broschiert,
102 Seiten, EUR 10.-
ISBN 978-3-935269-36-0

weitere Informationen über unser Programm auch unter www.yedermann.de

Herbert Hindringer:
Distanzschule

Es gibt Bücher, mit denen man Ungeziefer erschlägt und es gibt Bücher, mit denen man das nicht tut.
Nach „biete bluterguss & suche das weite", das 2003 bei yedermann erschienen ist, nun ein weiteres Werk mit vielen Beinen und langem Atem.

Herbert Hindringer schreibt Poesie mit Hintergrund. Bisweilen absurd, ehrlich, manchmal verzweifelt und mit Blick fürs Detail, die kleinen großen Gefühle.
(Süddeutsche Zeitung)

Herbert Hindringer: Distanzschule
Originalausgabe, broschiert,
134 Seiten, EUR 10.-
ISBN 978-3-935269-35-3